U0032611

台灣風土系列⑥

動物的故事

審訂：施志汶
文：呂明穎
封面繪圖：孫基榮
內頁繪圖：孫基榮

編者的話

近幾年來，政府積極推動鄉土教育，希望國中、小學學生能對台灣的風土文物有所認識。然而學校老師為了豐富自己鄉土的素養與知識，卻有資料難尋之感。聯經出版公司在出版金鼎獎童書《台灣歷史故事》之後，獲得各界熱烈回響，不時有家長、老師建議繼續開發、延伸此一系列著作。

有鑑於此，聯經出版公司經過資料蒐集與規劃，邀請兒童文學作家執筆，專業的史學、科學教授審校，並由插畫者配上精緻的插圖。於是一篇篇豐富又有趣的台灣風土系列故事，再次呈現在讀者面前。

《台灣風土系列》全套共十冊，包括：《開發的故事》、《民間信仰的故事》、《習俗的故事》、《海洋的故事》、《河流的故事》、《動物的故事》、《植物的故事》、《住民的故事》、《物產的故事》、《山脈的故事》。

本系列以說故事的筆法敘述，以主題事物爲主軸，涵蓋歷史、人文、自然、科學與生活，適合國小中、高年級以上的學生閱讀。相信閱讀過這套叢書之後，人人都能認識台灣風土，並對我們的生活與習慣有更多的了解。

序

呂明穎

從小，我就很喜歡動物。

到現在一直都記得，當爺爺打開坐了四小時火車，大老遠拎來的紙箱子，四個姊妹搶著抱小狗的歡欣雀躍。十五年後，我們變成了少女，小狗也變成了老狗，四個姊妹圍坐著輪流抱彌留的狗，畫面歷歷如昨。

除了狗，我還養過蠶、魚、蝦、蟹、鴿、鸚鵡等，現在則和人們通常比較厭惡的貓住在一塊兒；而且，因緣際會地，由一隻變成了兩隻。挺著大肚子的貓主人爲了不得不把寶貝託送給別人，在我家哭溼了一桶衛生紙，最後甚至當場眼睛發炎送醫急診。第二天，提早三個星期生下了她「第二個」寶貝（是個「小妹妹」）。

我觀察這兩隻公貓從敵對、扭打，到親愛、和諧，忽然明白了她那種萬分的不捨。

我漸漸聽懂了牠們彼此的溝通；我完全知道牠們對我說什麼。我眞的聽得懂。

許多學者都認爲，動物從野生到認識人，再到被馴養，其實是一種很自然的演進。人類曾經膜拜動物，曾經利用動物，也曾經殘害動物；人類因爲知道自己是大自然的一分子而害怕動物，人類也因爲忘記了自己是大自然的一分子而屠殺動物。但有誰耐著性子去深刻了解過動物的感受呢？

時代在變，人和動物的關係也在變，從「畜牲」

到「保育類」，甚至「寶貝」，所需要的只是了解、了解再了解。

而人類又該怎樣被動物了解呢？

人類應該怎樣維護已露曙光的保育成果，讓大地更芳美，讓自然更和諧？

曾在報上看到花蓮壽豐鄉一位退役少校飼養放山雞，他先用「咯咯」的叫聲，喊乾了喉嚨，還是喚不回走失的雞群，最後心生一計，拿出軍隊裡的哨子用力吹，竟讓七千隻雞一個口令一個動作，服從管理。

你看，人和動物的關係，是不是很有趣？

我把別人萬分不捨的那隻貓另取名「年福」，希望牠年年爲牠人類的「小妹妹」帶來幸福；而我彷彿也獲得了最大的祝福，那種感覺，猶如忽然從他手裡接過一把鑰匙。

目次

上帝送的禮物——梅花鹿

滿山遍野、渾身是寶的梅花鹿，讓荷蘭人瞪大了眼睛，也使大陸閩粵地區的人發現了台灣豐裕的物產，紛紛移民來台。

秋老虎發威，午後的陽光特別熾烈。

偶爾一兩聲鳥叫蟲鳴，劃破了寧靜，卻彷彿在說：「啊——睏哪！睏哪！」

老鹿王阿西卡閉上眼睛。

不知道過了多久，帶著草香的一絲風，輕輕吹過他的頭頂，阿西卡忽然醒了。

他優閒地靠著樹下的大石塊，反芻剛才吃下的嫩葉，細細嚼著，看著遠處正拚命「角力」的兩隻年輕雄鹿，不禁想起自己那段輝煌的歲月。

當年阿西卡那對長達七十公分的漂亮鹿角，使所有「情敵」又妒又恨。以角奮力相牴，憑著一身豪壯膽氣，終於奪得「擂台」寶座，和雌鹿們繁殖小鹿；幾年以後，江山易主，新鹿王稱霸，一代傳一代，如今阿西卡的子孫早已綿延不絕了。

「這些小伙子會想知道自己的故事嗎？」阿西卡望著嬉鬧、打鬥的鹿群，輕輕嘆了一口氣。

一百多萬年前，台灣和大陸地層板塊相連，許多動物都在這片相連的土地上來來去去，遷徙繁衍，梅花鹿就是其中之一。

從大陸來到台灣的梅花鹿，群居於三百公尺以下的平原郊野，由於氣候溫和，草木滋長，又少有獅虎豺狼，生活十分安樂舒適，數量也一年一年自然增加。當時的台灣，鹿眞是最常見的動物，鹿在台灣，如在天堂。

「這些孩子啊，只關心自己爲什麼叫做梅花鹿，其他的才聽不下去呢！」阿西卡搖搖頭，閉上了眼睛。梅花鹿背部中央有一條黑線，兩側各有縱向排列的二十餘個白點，遠看像一朵朵梅花落在身上，眞是

• 每年九月、十月是梅花鹿的繁殖季節，因爲只有鹿王能和雌鹿交配，所以打鬥激烈。除了兩角相牴，還有撕咬、噴氣、怒視、拳擊、蹬踢等動作上演。

名副其實。其他國家的梅花鹿，有的夏季斑斑可見，冬季則灰暗難辨；有的小時候有花斑，長大後斑點消失，而台灣梅花鹿的斑點則全年可見。另外，他們的腹部、四肢內側和尾巴裡面的毛都是白色的，臀部還有一大片白斑，非常耀眼。

通常雄鹿的體形較大，約兩歲開始長角，每年增加一叉，至五歲停止，一直保持三叉。雌鹿體形較小，頭上無角。

秋冬是繁衍季節。在梅花鹿的族群裡，只有角力稱王者才能吸引異性。雌鹿孕期八、九個月，一胎只產一子。鹿的性情膽怯、機警，任何時候都保持戒備，壽命可達二十五年。

寶島暖風吹，草木欣欣向榮。鹿群在島上自由自在地穿梭遊走，終於引起了人類的覬覦。

「唉，爺爺要是還活著，眞該給這些小子上上課！」阿西卡腦中浮現許多畫面。

其實，鹿畢竟不是普通的家禽家畜，也並不致威脅人類的生存環境，爲什麼會被大加捕獵，趕盡殺絕呢？

遠古時代的台灣還沒有牛，也很少豬，在人類眼中，鹿渾身是寶：鹿茸在中藥裡是有名的珍品；鹿角研碎磨粉熬成膠，據說具有滋補功效；鹿頭掛在牆上是威勇的表徵；鹿皮可以縫製衣褲、床褥、菸袋……；鹿肉味美，能做成乾糧；鹿脂用來抹身潤膚；還有人取出老鹿腹中的結石，磨粉沖服，據說可以安定神經；吃母鹿胎盤，據說可以青春永駐；甚至把鹿的腸胃包括裡面尚未消化的草糜（合稱爲「百草膏」）一起吞下肚；鹿筋、鹿骨、鹿血當然都沒有被

・梅花鹿尾巴內側和臀部的毛是白色的，稱爲「臀斑」，發現有危險的狀況時，尾巴立刻豎起來，露出白毛警告同伴快逃。

浪費；鹿糞還拿來做堆肥，眞是「物盡其用」到了極點。

西元一六二四年，荷蘭人登陸台灣，看到滿山遍野的鹿群，像挖到金礦一樣，瞪大了眼。

這簡直是上帝送的歡迎禮，這個禮物眞是太實用了。

負責開發貿易的荷蘭東印度公司立刻想到，鹿皮做的甲冑，是日本武士的最愛，鹿角、鹿脯也可以外銷到大陸，於是號令展開大規模的獵鹿行動，訂定獵鹿的許可證和繳稅制度，鼓勵人們全力捕殺。捕殺、加工、產銷量年年增加，在利益的驅使下，每年幾乎都出口十餘萬張鹿皮，逼得鹿群已無生存之地。

爲了生產鹿皮製品，荷蘭人還召募了許多大陸閩粵地區的人來台工作。這些人來到台灣，驚異隔海的台灣竟然如此豐裕美好，紛紛遊說親友同來落戶、開拓。他們看見島上有這麼多的鹿，大發聯想地爲屯墾居住的地方命名。例如：鹿港（彰化縣）、鹿谷（南投縣）、鹿寮（彰化縣竹塘鄉）、鹿野（台東縣鹿野鄉）、鹿埔（宜蘭縣冬山鄉）、鹿草（嘉義縣）、鹿場（新竹縣）、鹿滿山（嘉義縣竹崎鄉）等，從字面上一看，就知道先民對當時自然奇景的讚歎，然而也正因爲鹿，以及鹿所引起的歷史波濤，引導台灣進入了開發興築的繁榮時代。

獵鹿風潮間接帶動了台灣土地墾殖，闢草原爲良田的結果，使鹿群加速失去了生存棲息的場所。繁衍環境不利，人類毫無節制的捕殺，經過十餘年後，人們手中空握「獵鹿許可證」，卻很難再有斬獲。

西元一九六九年，台灣最後一隻野生梅花鹿在東

• 雄鹿兩歲開始長角，二至三歲角分一叉，四歲分兩叉，五歲以上均三叉。

部被獵殺，昔日繁盛的鹿群就這麼消失了。

老鹿王阿西卡的祖父母在綠島被農家小孩當做寵物飼養長大，在這個純樸僻靜的小村，重溫過去的優游夢境，並且眞實而安逸地度過一生。阿西卡祖父的祖父、先祖父、高祖父……，一代傳一代地讓子孫們了解族群的血淚史，面對今天舒適的環境，從哪裡來，往哪裡去，阿西卡無奈地嘆了一口氣。

鹿群消失了，但人類仍舊想盡辦法讓鹿群的薪火再繼續燃燒下去。

養鹿的人漸漸多了，但眞正愛護鹿的人卻沒有幾個。搭鹿棚、種牧草，爲的也只是他頭上值錢的角。

阿西卡聽主人說過，內政部營建署爲了不使鹿群由特有變成稀有，自西元一九八四年開始籌備復育計畫，以墾丁的社頂自然公園作爲梅花鹿復育區，將動

•雄鹿胸前、頸部會長出長鬃毛；角硬化後，會在適合的樹幹上磨角分叉的部分，將外層茸皮磨掉以後，通常樹幹也脫了一層皮。發情時，雄鹿還會在泥坑裡撒尿、打滾。

物園裡的梅花鹿運到那裡放養，隔絕外界的接觸與干擾，希望能夠逐漸回返其野性，健康自然地繁衍下去，如今已見成效。這事讓阿西卡不知道應該高興，還是悲哀，人類既是培育者又是捕獵者……。

「人類眞的非吃我們的角，才能滋補身體嗎？」阿西卡望著不遠處一對鬥得難分難解的小兄弟，想起父母的分離，眼眶不禁溼了。

夕陽西下，天邊一抹殘紅，大地仍舊充滿生機。

「還好我不是活在過去，」阿西卡安詳地打了一個呵欠，接著叫住在他身邊追逐的兩隻小鹿：「喂，孩子們，過來，爺爺講故事給你們聽！」看他們睜著發亮的大眼睛，阿西卡欣慰地笑了。

山林中的勇士——台灣野豬

台灣野豬一胎可生五、六隻，雖然原住民視他們為主要的獵物，但是他們天生有結實的身軀與敏銳的嗅覺，所以總能化險為夷而綿延不絕。

天還沒亮，肚子咕嚕咕嚕叫的野豬阿魯，再也睡不著了。

他站起來，決定去找點東西吃，忽然覺得背後癢癢的，抖了抖身子，還是癢，只好又躺下來，在地上滾了滾。

「啊，好癢，受不了了！」阿魯跳了起來，背抵住樹幹，用力磨蹭，剛硬的鬃毛像琴弓一樣，拉出了細碎的音符。

「啊，舒服多了！」阿魯又抖了抖身子，滿意地甩了甩頭。

這顆頭由全身比例看起來，顯得特別大，或許是因爲整天走路、爬山、找東西吃，身體比一般農家飼養的肉豬健壯結實的關係吧！

阿魯用他那顆大頭，頂開擋路的石塊，邊走邊注意有什麼可以塡肚子。他隨口咬嚼一些小草、嫩葉、蟲屍、蚱蜢，像個淸道夫一樣，看到什麼掃什麼，因爲肚子實在太餓了。

吃得正高興，阿魯忽然被淙淙的水聲吸引住了。他好奇地朝水聲走過去。

山壁上潺潺流下一道小瀑布，阿魯一看，簡直樂壞了。

「洗澎澎，我最愛！」阿魯讓瀑布沖溼身體，然後跳進旁邊的小水窪，痛快地打滾，讓冰涼的溼泥裹滿身，舒服得眼睛都閉上了。

耳邊傳來一陣嘈雜的聲音，沒等阿魯張開眼睛，小水窪瞬間已經擠進一群大大小小的野豬了。

二話不說地，阿魯立刻離開了這個水窪。

「謝謝啊！」水窪裡的野豬媽媽說。阿魯微笑著

•野豬喜歡泡水或在泥坑打滾，而身上的泥乾了以後，在樹幹上用力磨蹭，可以除掉蝨、蚤。

•雄野豬通常單獨行動，母豬則帶領小豬共同生活。長大的小公豬自行獨立，留下雌豬群體在一起，有時多達十餘隻。小豬身上天生的黃褐斑紋是草叢中很好的保護色。

點點頭。他甩了甩毛，身上的蝨蟲隨著乾泥屑掉落。

「哇，好舒服。」

「媽媽，你看他一直擠我嘛！」一隻小野豬跌出水窪外，哭鬧著。

阿魯回頭看看野豬寶寶，小小的身體，黃褐色的毛上有著西瓜皮般不規則的粗黑條紋，不由得想起哥哥被獵人抱走的時候，也是這般可愛的年紀，眼眶不禁一陣溼熱。

這個森林是阿魯待過最好的地方，有許多箭竹、五節芒和藤蔓植物，阿魯很喜歡住在這裡。和家人失散以後，他自己已漸漸能夠獨立。其實，要生存並不困難，台灣沒有什麼獅子、老虎，想吃他肉的，只有獵人。

沿著坡道走，阿魯找到自己踩踏出來的芒草小徑，一頭鑽進去，想好好打個盹兒，歇一歇，可是，肚子又在咕嚕咕嚕叫了。他趴了一會兒，決定還是先想辦法安頓肚子要緊。

阿魯用鼻子兩側的獠牙拱了半天，只挖到一塊發育不良的番薯。「唉！還不夠塞牙縫呢！」於是又啃了一些芒草根，可是，卻好像更開胃了。

「啊，食物怎麼愈來愈少了呢？」阿魯不禁憂心地嘆了一口氣。

這時候，他又聽見剛才那群洗泥澡的野豬所發出的吵鬧聲了。

「媽媽，我好餓噢，我們再去上次去的那個地方吃玉米好不好？」是剛才那隻被擠出去的小豬的聲音。

「對呀，除了玉米，還有番薯、花生，好好吃

•野豬的長鼻和獠牙是拱地、鑽土的利器，而牠們東啃西翻，總是留下明顯的痕跡，現場一片狼藉。

喲！」另一隻小豬也興奮地附和。

其他小豬都跟著起鬨，「唉，好吧。這附近……實在也找不到什麼東西可以吃了。」野豬媽媽說完便推著小豬們走了。

躲在芒草小徑裡的阿魯聽了，不禁又嘆了一口氣。他其實也很想去農田大快朵頤，可是大快朵頤之後，被鋤頭劈來劈去、追趕打殺的恐怖經驗，令阿魯心有餘悸，望著那一群母子幸福的背影，他忽然有一點擔心。

不過，一會兒他就想開了。的確，自從清末移民來台開墾，把平原的動物趕上山以後，動物們失去了原有豐裕的資源，覓食已經不易。而農閒的時候，打獵的娛樂消遣，又使動物們無法安穩度日，繁殖的環境變差，自然走上瀕臨絕種之途。但阿魯心裡清楚，能在山林稱王稱霸，固然因爲其他動物處於弱勢，卻也拜其一胎多子之賜。

「多子多孫多福氣」，使得台灣野豬不須人工放養、保護也不致絕種。似乎冥冥中祖先早已知道，健壯的身軀、堅實的肌肉和不停地運動，是能夠化險爲夷的好血統，如果像肉豬一樣痴肥，多子多孫也沒有用。

這時候，眼前出現一位裝備齊全的登山者，正用脖子上的毛巾不斷擦汗。大概是有點擔心野豬母子的安全，分了神，阿魯竟然沒有警覺到人的氣味，看樣子，已經來不及逃了。

那個人拄著一根樹枝，驚叫道：「啊，野豬！」然後沒命地向後跑了十幾公尺，喘得跌在地上咳起來。阿魯同時也嚇得心臟幾乎要停止，他只知道如果跑得慢一點，樹枝裡衝出來的火花馬上會讓他肝腦塗地。

他們各逃各的，都以爲自己死定了，沒想到，卻都很平安。

一直到衝上山坡，鑽進熟悉的芒草小徑，阿魯還是渾身抖個不停。數年前親眼看見爸媽被獵槍擊斃，哥哥被獵人抱走，躲在芒草叢中的小阿魯雖然逃過一劫，但慘痛的一幕始終歷歷在目。

阿魯忽然很想念爸媽。他知道給人橫衝直撞、咆哮怒吼印象的爸媽，其實溫和謹愼，並不會主動攻擊人，除非眼見強敵環伺，發現沒有退路，才會兇猛抗爭。阿魯現在長大了，自己能巧妙躲過陷阱，也能分辨人的氣味，但畢竟奔跑的速度有限，他很怕有一天逃不過獵槍的追擊。自古以來，原住民就喜歡用野豬的獠牙做飾品，代表與野豬奮戰、搏鬥的英武勇敢，是一種智慧與權力的象徵，卻也是最令阿魯望之喪膽的信物。「哥哥現在不知道在哪裡呢！」他想，「或許有一天，我的牙變成人家帽子上的裝飾，而哥哥在人家家裡過好日子。」阿魯笑了笑。眞的，聽說有些好奇的人抓到野豬當寵物，飼養久了的野豬變得溫順膽小，甚至還會一點討人喜歡的小把戲。

「終於，『豬』這個字離『笨』愈來愈遠，人類將發現豬其實是很聰明的。」阿魯想到這裡，又笑了笑。但那似乎只是豬向人類展示聰明的方式之一而已，他們眞正的聰明，在於其野性：成群活動、泡泥澡、布置溫適的窩、啃玉米乾淨俐落……，不是嗎？

阿魯累了，累得都睜不開眼睛了。過了一會兒，他勉強站起來，把身邊的草壓平，把土塊理一理，再

•野豬厚實的蹄印，往往將固定經過的地方踩出一條路徑，而牠也有築巢的能力，常用乾草鋪床。

找了一些乾葉片鋪在上面，才安安穩穩地閉上眼睛。

「肚子好餓噢！」阿魯聽見自己自言自語。

「算了，明天再說吧！」認爲自己幸運地逃過一劫的阿魯，帶著一抹單純的笑意，愉快地進入了夢鄉。

•台灣野豬和家豬最大的不同在於鼻吻部較長，並且擁有尖銳的獠牙。其實家豬和野豬同屬豬科，只是長期被馴養和改良，形體已有很大的變化。

消失的怒吼——雲豹與石虎

魯凱族原住民認定他們身上流著雲豹的血液，並視雲豹為族人的守護神。而同屬貓科，又稱為「山貓」的石虎，也曾和雲豹一般，縱橫山林溪谷……。

火紅的太陽終於漸漸隱沒在地平線上了。倦鳥歸巢，幾聲鴉叫，天邊最後一抹雲彩也被夜幕掩蓋了。天，眞的完全黑了。

一隻小田鼠剛剛啃完一個大番薯，搖搖晃晃地散著步。他本來想先躺一下，再去以前住的地方找朋友一起過來大吃一頓，但汁多味美、齒頰留香的感覺實在太讓他興奮了。

樹枝沙沙作響，輕輕地，輕輕地。

貪吃的小田鼠鼓著兩頰忙著咀嚼，但仍警戒地抬頭向四周看了一下。

是風。

風吹過樹梢，葉子抖動。

番薯藤也抖動。

「不對，」小田鼠拋下美麗的期待，他的鼻子告訴他：「風的味道不對。」

猝不及防地，一個黑影遮天蓋地的從樹上猛地撲下，小田鼠拔腿狂奔，驚恐萬分，忽然，一個爪掌自他腦門狠命拍下，直接送他上了天堂。

鋼叉一般銳利的兩支門牙，一口就撕裂了這個肥嫩的獵物，汁多味美，可惜稍微小了點。舔舔嘴，舔舔爪子，「咻！」地一聲，跳回樹上，晶閃的瞳眼，發出森森的綠光。

月亮被雲遮住了。

這一連串鏡頭，大約發生在西元一九五〇年間。台灣山野間神秘的主角——雲豹，今已難再見到，要上演，主角恐怕只有換成貓，而且是野性猶存的流浪貓。

然而野貓再有野性，仍無法與山貓相比。又被稱

• 雲豹是貓科動物，具有貓的各種狩獵特性，例如潛行、匍匐，常躲在樹上以爪鉤住枝幹，剎那間反撲而下，攻擊獵物的頭頸。行動悄然無聲，銳利的犬齒撕扯肉塊時，習慣用前掌按住。

爲山貓的石虎，外表與一般台灣土貓極類似，四肢粗壯，耳後有一塊白斑是主要特徵。棲息在林間的樹上或岩穴，晝伏夜出，獵食時沈穩從容，往往迅即揮掌，手到擒來。

其實，若仔細觀察會發現，大部分的貓都喜歡自高處猛然躍下，直撲獵物，無論目標是水鹿還是蟑螂。這是他們習性中擺脫不掉的驍勇成分，血液中不時翻滾沸騰的征服意念。

自然界中同樣是「快、狠、準」殺手的雲豹，和豹倒沒有什麼關係。雲豹毛色棕黃，有雲紋狀斑點，獨來獨往。常從樹上偷襲鹿或野豬，或攀枝躍出捕捉鳥鼠，極少失誤。

這樣矯健的獵捕技術，使同是獵者的原住民深深敬慕。住在高山上的魯凱族，因地利之便，看到雲豹身影的機率可能稍大一些，而其中的一支——好茶部落，甚至認爲雲豹是他們的祖先。據觀察，好茶部落的魯凱族人確實比其他族人精幹、優越，體力好，聰敏機智。他們認爲自己身上流著雲豹的血液，傳承著雲豹的迅雷身手和冷靜沈著的氣質，據說雲豹像獵犬般陪著祖先出獵，並且被認爲是族人的守護神。

但其他部族的原住民卻不一定認同這樣的觀點。雲豹早期曾是原住民最華麗的衣飾，至今仍有人如骨董般珍藏著這很可能須以生命交換的寶物。在他們眼中，雲豹只是一種罕見的獵物，許多頭目以與之拚搏爲榮，「雲豹皮」是勇敢、威猛的象徵。

然而，同是獵者，雲豹擁有的終究只是不凡的身手，人類卻能以武器，終結任何一種戰役，奪取任何想要的東西。人類奪取了雲豹的毛皮，似乎無往不

•與雲豹同屬貓科動物的石虎，今亦已幾近絕跡。石虎體形與一般的貓非常相似，但全身有明顯的黑褐斑點，也有人叫牠「錢貓」，耳背的白色斑紋，是其特徵。獵食方式多以前掌擊斃獵物，同樣是快、狠、準的高手。

•西元一九九九年，據傳台灣山區會出現雲豹蹤跡，學者已組成研究小組密切追尋雲豹身影。

利，但也正由於文明的不斷侵占山林，最後一隻雲豹的遭遇，人類恐怕已經來不及關心。

沒有人知道那隻死在陷阱中的小雲豹，是不是最後一隻台灣雲豹，也沒有人知道跌落野外排水溝的受傷石虎，是不是最後一隻台灣石虎？

如今，不管多少學者上山探查，多少保護動物人士四處搜尋，仍然沒有任何發現。

過去雲豹因罕有而被獵殺、珍存，現在雲豹則因罕有而被搜尋、保護。此時雲豹是否正躲在暗處，譏諷自譽萬物之靈的人類矛盾、愚昧的心態，有意地讓人類繼續徒擁標本、圖片，為緩慢的醒悟懊悔、嘆息呢？

沒有人知道。因為雲豹始終音訊杳然，甚至和他的傳人魯凱族也沒有聯絡。

原住民的狩獵生活

「狩獵」可以說是原住民早期生活的一部分，但他們對山林的動物並未趕盡殺絕，對大自然仍存著一分敬意，並了解珍惜大地資源的道理。

夜風輕吹，遠處幾聲斷續的狗吠。

摩托車衝破黑暗，漸漸駛近，帶來一束光。

「都準備好了嗎？」阿里古全副武裝地等在門口。小時候的鄰居，忽然重逢，相約在這漆黑的深夜，上山打獵。

「差不多了，你呢？」吉朗的聲音掩不住興奮緊張。

「我好了，等你很久了，走吧！」阿里古騎上摩托車在前面帶路。

一路上風馳電掣，呼嘯前進，闃黑的森林散發著涼颼颼的冷氣，寂靜的天空看不見月亮，看不見星星，只有兩盞車燈兀自照著山路，崎嶇地傳遞著一絲好奇。

騎了將近三小時，阿里古忽然緊急煞車。緊跟在

‧原住民對男女工作的畫分極爲嚴格明確。女性負責耕種、理家，男性則負責狩獵、作戰。男孩通常七、八歲就被父親帶到山上學習狩獵，培養勇氣與正確的狩獵觀念。

後的吉朗也迅即停住。

「幹什麼啊，阿里古。」他一面叫，心一面砰砰跳。阿里古掏出手電筒照著地面，原來是一個鳥巢。

「我騎著騎著，覺得好像有什麼掉到頭上，毛毛的。」阿里古有點不好意思地摸摸自己的腦袋。

「嚇我一大跳！」吉朗瞪了他一眼，卻鬆了一口氣地笑了。

「我也嚇了一跳，以爲是我們的祖靈出現了……。呵，喝口水，休息一下吧！」阿里古說完就在旁邊的枯木上坐了下來。

「小心陷阱啊！」吉朗叫道。

「不會啊，這裡已經快到我們的獵場了，這個地方我很熟的啦！」阿里古說著遞給吉朗一瓶礦泉水。

「我家的獵場現在只有爸爸一個人會去，我都已

•爲了分配自然資源，原住民各族之間各自擁有獵區，代代相傳。通常在岔路附近以木桿嵌入細枝，指示私人獵場的方位。維護獵場生物的繁衍、平衡和保衛獵區的主權，是絲毫不能鬆懈的事，甚至爲了嚴懲私闖禁地的偷獵者，不惜一戰。

經忘記怎麼走了。」吉朗搖搖頭嘆了一口氣。

「我不像你工作那麼忙。我常常跟我爸到處走。……不知道今天我們會碰到什麼動物，最好能打到大山豬。」

「那麼晚了，山豬不睡覺啊？呵，我有一點想睡了。」吉朗打了一個大呵欠。

「你肚子餓不餓？吉朗。」

「嗯，肚子有一點餓。」

「山豬肚子餓的時候，不管天亮沒有，都要起來找東西吃，吃飽了才有力氣睡覺！」阿里古說。

「那我肚子不餓了，我們找找看有沒有出來吃東西的山豬。」吉朗強打起精神來。

「讓我喝完水再走！」阿里古拿起瓶子咕嚕咕嚕喝了幾口。

「我去方便一下。」吉朗說著繞到一棵大樹後面。

嘩啦啦——，清脆的水聲劃破了林中的寧靜。

「啊——」吉朗發出一聲驚呼。

「是不是山豬？」阿里古馬上輕喊道。

「我的腳被蛇……，被蛇踩到了。」

「蛇在哪裡？」

「走掉了。」

「你有被咬到嗎？」阿里古的聲音微微顫抖。

「沒有！」

阿里古鬆了一口氣說：「還好沒事，不然就慘啦。」

「啊！」吉朗忽然又尖叫了一聲。

「怎麼了？怎麼了？」阿里古這次眞的嚇到了。

•穿山甲是台灣唯一的鱗甲目哺乳動物，除了臉、腹有疏毛，全身幾乎都被覆著角質鱗甲；食蟻獸則全身長著毛髮而無鱗片，生長在南美森林草原中。兩者雖均無牙齒而只以舌上唾液沾食蟻類，但其實外貌相差很多。

「不是蛇踩到我，是那個東西……，」順著吉朗的手望去，一個模糊的背影迅即消失在黑暗中，但阿里古仍然看到了最後一小截尾巴，「穿山甲。」他斷定。

兩分鐘後，阿里古想起一個很重要的問題，必須立刻得到答案：「喂，吉朗，你是不是原住民啊？你是不是我們鄒族的人啊？哪有人連蛇或穿山甲都搞不清楚？」

「我……阿里古，我眞的很久沒上山了。小時候常常生病，身體不好，爸爸打獵幾乎都只帶弟弟去。現在我在平地工作，每天都很忙，要不是遇到你，根本不可能有機會到山裡打獵。」

這番話裡所包含的一絲推崇，讓阿里古飄飄然了起來，他立刻決定，要讓吉朗重溫兒時舊夢。

「嚇！咕咕嚇！嚇！」貓頭鷹的聲音。

「走吧！」阿里古拎起裝備，開始覺得，眼皮眞有點沈重了。

「等一下，讓我試試看，把那隻貓頭鷹打下來好不好？」吉朗輕聲請求。

「不行，這裡還不是我家的獵場，不可以侵犯，走吧。」阿里古走了幾步，回頭催吉朗。

「對對對，我忘了。……還有多遠？」吉朗邊走邊問。

「快到了。」

他們騎上摩托車，又繼續向前。不知道什麼時候，雲散霧淨，天邊悄悄掛上了一個銀鉤……。

山路崎嶇，原本鬆弛的神經，被冷風刺激得異常清醒。

停好摩托車，一看錶，已是凌晨兩點。「前面的路，就必須靠步行了。」阿里古說。

之後，他們又趕了兩小時的路。

「我家的獵場到了，喏，你看，這個記號是不久前重做的……。走，先去看看我爸設的陷阱裡有沒有動物。」阿里古說。

「呵，我好累啊！」吉朗一屁股坐下。

這時候，十公尺外的草堆裡忽然響起窸窸窣窣的聲音，愈來愈近，愈來愈近。

「是山豬！吉朗……四、五隻吔！」阿里古刻意壓低的聲音裡透露著狂喜。

一直沒聽見吉朗的反應，阿里古忍不住回頭推了推吉朗，卻被吉朗豬叫般的鼾聲嚇了一跳。「吉朗，起來，你不能睡著啊！」

阿里古說著手忙腳亂地從裝備裡找出獵槍，山豬們正緩慢步向前來，一隻隻用鼻子不斷拱著地面，似乎都餓得不得了。阿里古用力把吉朗推醒，兩人迅速躲到大樹後面，準備射擊。

吉朗興奮得微微喘息，「終於要打獵了。」睽違已久的感覺，又從心底升起。

但過了一會兒，吉朗卻突然伸手按住阿里古手裡的槍。

「喝！幹什麼啊！」阿里古被吉朗莫名其妙的舉動激怒了。

山豬們發現異狀，立刻四散奔逃，哀號的聲音淒厲得不下於傳統屠宰場。

阿里古見狀，突然動也不動地矗立著，「一，二，三，四，總共有四隻，這些山豬都還很小……，

• 狩獵的成果，通常反映在原住民所佩戴的飾物上。山豬是山林中最常見的獵物，其次是飛鼠。即使生活物資並不缺乏，狩獵仍將持續進行，因爲那代表著人對大自然生生不息的敬重，同時也從搏鬥的過程中，鍛鍊勇武，獲取榮譽。

沒有大山豬在旁邊，不知道他們會怎樣保護自己。」

阿里古自言自語地說。

「說不定他們有約好在哪裡會合呢！」吉朗沈默了半晌，終於開口。

「大概吧！我爸說，山豬很聰明。」阿里古苦笑著。

「呵——」吉朗故意誇張地打了一個假呵欠，其實他已睡意全消，只是想使氣氛自然一點。這次是他央求阿里古帶他上山夜獵的，卻不知道怎麼搞的，臨時又放那群小山豬一條生路。

忽然，吉朗眼前一亮：「看！猴子！一隻猴子……公的。」

「看到啦！」阿里古抬頭看著月亮，聲音小得幾乎聽不見。

「瞄準啊！阿里古。」吉朗興奮地嚷著。

阿里古不作聲。

盯著腳步遲疑、兩眼四處搜尋的猴子，吉朗急忙又推推阿里古。

「我不想打了。」阿里古說。

「怎麼了？」

「因爲他說不定是一個爸爸，出來找小孩的。」

吉朗忍不住大笑，這一笑，又驚得那猴子沒命奔逃。

「好吧，那我們趕快去你爸爸的陷阱看一看吧，說不定有一個媽媽在那裡掙扎哩！」吉朗笑著推阿里古上路。

沒有。

陷阱裡空空的，什麼也沒有。兩人乾脆在石塊上坐了下來。

阿里古說：「吉朗，你會不會覺得，打獵很殘忍？」

吉朗咬了一口麵包說：「不會呀，打獵是我們原住民生活的一部分啊！祖先傳下來的呀！」

阿里古搔搔頭說：「可是，最近我總覺得山裡的動物很可憐……」

「爲什麼呢？」

「我們沒東西吃，可以去做工，可是山裡的動物沒有工可以做，他們也不會自己耕田種菜，肚子餓得要死，還要擔心被人抓去吃……」

「其實我們原住民也是大自然的一分子，我們也是動物裡面的一種，打獵是我們維持生存的一種方法。但我們不會趕盡殺絕，因爲祖先告訴過我們，不可以破壞了生態的平衡，不然老天爺會不高興。」

「你眞的這樣相信？」

「是啊！」

「那我們今天什麼都沒有獵到，你會不會很失望？」

「不會啊，有獵到啊！」吉朗開始收拾包包。

「哪有獵到？」阿里古不明白地看著他。

「剛剛不是有個不小心掉到我頭上的鳥巢嗎？」吉朗說。

「鳥巢又不是動物！」

「我仔細翻過，裡面有三個蛋。」

兩人縱聲大笑，笑聲迴盪在山野間，響徹雲霄。

探訪山林

在台灣真正想觀察野生動物，需要投入很長的時間，蒐集資料、實地探查，同時必須掌握一點訣竅，才能有收穫。

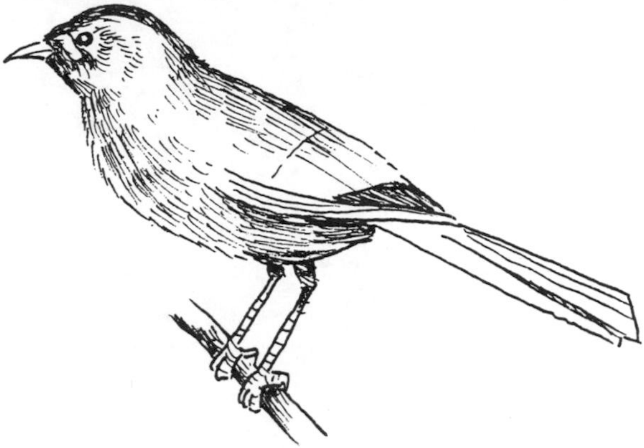

「喂！你們走快一點好不好！」一馬當先的志祥，站在山頭向氣喘吁吁的夥伴們大喊。

「幾——救兒！幾——救兒！」藪鳥的聲音迴盪在山谷，清脆好聽。

「哥，你走那麼快誰跟得上嘛！」美珊摘下帽子搧著風，邊走邊從背包中拿出水壺來猛灌了幾口。

「拜託，老大，饒了我吧，大清早上山，都已經走了三個小時了！」阿明遠遠地向志祥直拱手，一百八十公分的身高，細瘦的手裡緊握著一根撿來的樹枝，一步一步拄著走，像個老頭兒。

三個人會合以後，紛紛就地解開背包，交換帶來的乾糧和零嘴。

「哇，好累，好餓……。哥，我快不行了！」美珊誇張地半躺在石塊上直嚷。

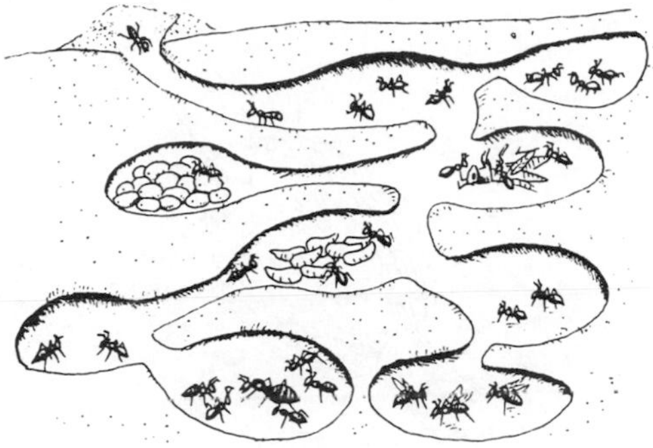

「誰叫你非跟來不可，我們是來採集標本的吔！又不是來玩的。」志祥一把搶過妹妹手上的蜜餞，大口大口吞著。

「哎呀，放暑假嘛，跟著你們才好玩咧！」美珊說。

「小虎——死胖子！」阿明站起來大喊，「快一點行不行！」遠遠落後的小虎，額上的汗涔涔而下，好不容易趕到，一見了他們便興奮地直說：「我看見……我看見……」話還沒說完，兀自喘了起來。

三個人全瞪大了眼睛，屏住氣地望著小虎：「你看見誰了？」

「我……我看見一個螞蟻窩。」小虎連人帶包包一齊跌坐在他們面前。

「螞蟻窩就螞蟻窩嘛，有什麼好大驚小怪，我還

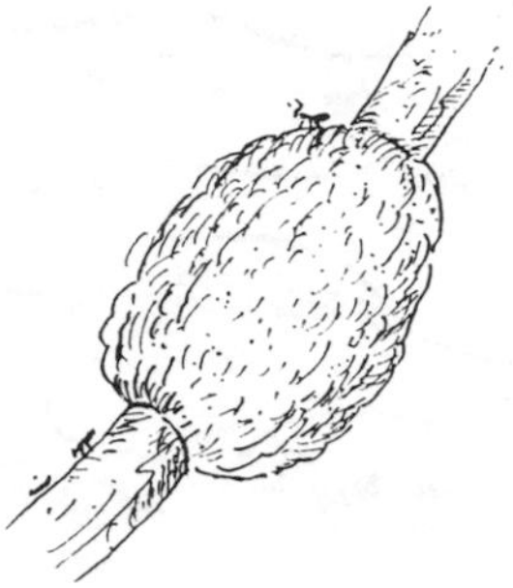

以爲你看見什麼鬼東西了，眞是！」志祥笑著大聲抱怨。

「螞蟻窩，我沒看過眞的螞蟻窩嘛！」小虎說。

「那你怎麼知道是螞蟻窩？搞不好是蜂窩喲！咦，會不會是虎頭蜂？哇！好可怕噢！」美珊說著跳了起來，躲到志祥後面去。

「應該不會吧，美珊你不用怕，萬一遇到虎頭蜂，我叫他們先咬小虎。」阿明說。

「少來，虎頭蜂知道我叫小虎，才不咬自己人咧！」小虎笑瞇了眼。

「小虎哥，那你怎麼知道那是螞蟻窩呢？」美珊繼續追問。

「從書上知道的啊！我雖然和你哥他們一樣，念的是植物系，可是我從小就喜歡動物，看過很多這方

●野生動物大都有固定的活動範圍，除了仔細聆聽動物的鳴叫聲，還可以從觀察動物走過的腳印、踩出的路徑、啃咬過或吃剩的痕跡、排出的糞尿、棲息的巢穴等蛛絲馬跡來辨認其種類。

面的書。」小虎邁著肥短結實的兩條腿，和美珊並肩走著。

「我也喜歡動物。」美珊說。她忽然對這個矮矮胖胖的大哥哥有一點好奇。

一會兒，他們走到一個崖坡，幾隻山羊頂著烈日站在疏蔭中啃著枯枝新芽。

大家都露出一絲驚訝，尤其是美珊，張大了嘴，好半天才說：「你們看，山羊吔！」山羊見了人，咩叫了幾聲，有幾隻呆呆站著，似乎在想什麼。

小虎說：「其實我剛才就懷疑這附近有草食性動物。」

三個人都回過頭來望著他。

「剛才你看見山羊了嗎？」美珊問。

「沒有，我剛才沒有看見他們，但是我看見草堆裡有一顆一顆黑色，像兔子或羊排的屎。」
「嗯，那叫排遺。」志祥點頭附和。
「哥，你也懂啊？」美珊偏頭望望比她大五歲的老哥，忽然發現，哥哥也不過比她高出半個頭而已，這個暑假她好像又長高了。
志祥得意地微笑點頭，緩緩地說：「是啊，我是……不懂，還請小虎兄指導。」
小虎朗聲一笑：「不敢，不敢，這只是皮毛而已，我也是從書上看來的，不算什麼啦！」
「好啦，既然小虎觀察力這麼強，就再多告訴我們一些常識吧，反正大家都已經在這一千多公尺高的山上了嘛！」阿明說。
美珊想了想，問小虎：「那，我們想知道附近有沒有動物的話，只要沿路注意有沒有大便就可以

•從排遺的狀況可以推測動物的種類。例如，台灣山羊常成堆排放顆粒狀的糞便；台灣獼猴呈條狀，含有纖維；穿山甲呈細條狀，且明顯可見螞蟻的頭和腳等細渣；台灣黑熊則為粗條狀，內有種子或毛……。

嘍？」

小虎說：「對，這是一個辦法沒錯。但在野外只要細心一點，仔細觀察周遭的環境，還是有其他方法可以知道附近是不是有野生動物。」

阿明點點頭說：「嗯，像看看有沒有洞穴啦，窩啦，什麼的……」

志祥說：「還有，像動物的腳印啦，或者草被踩平的痕跡啦，啊，就是那個地方看起來好像有被動物走過的樣子啦！」

美珊說：「哇！哥，你好厲害，我都想不出來吔！」

志祥得意地笑了：「老哥我最愛看偵探小說了，在野外觀察動物啊，只要把自己想像成一個大偵探就行啦！」

•水鹿、山羊、山豬走過的路徑常呈圓拱狀孔道，上方有草葉掩蓋；野兔喜歡在荒草斜坡下方躲藏，低矮的灌木叢也常被挖出容身的小窩。

小虎點點頭：「對，最重要的是要細心一點……台灣的野生動物大都有固定的活動範圍，甚至走路也有固定的路線，其實，只要細心留意，倒也不難發現呢。」

「好了，休息得差不多了，」志祥說，「我們繼續往前走吧！」

他們收拾收拾包包，又踏上採集植物之途。

「咦，阿明，你看這片葉子滿特別的。」小虎拿著葉片走到阿明身邊。

「哥，你看！」美珊遠遠喊著。

三個男生都跑了過去。

「看，這裡有一堆殼。」美珊興奮地說。

「是松鼠啃的吧？」志祥說。

「可能，但也有可能是白鼻心。」小虎蹲下去翻

•果殼、殘骸、蝦蟹渣、毛、血等，都有助於辨認周圍會出現的動物，但有時同一種食物可能有好幾種動物喜歡吃，所以無法正確推斷，最好留意其他線索，例如足跡。

撿著山棕樹的果實，發現上面有咬食果肉的齒痕。

「對啊，松鼠大都喜歡啃樹皮，留下的是樹皮碎渣。」阿明猛點頭。

「說不定剛剛有一隻白鼻心在這兒，吃了一頓大餐呢！你們看，這些被啃過的果殼摸起來溼溼的，還很新鮮喲！」小虎拿起一個果殼給他們看。

「哇，小虎眞不是蓋的。」阿明說。

「對啊，你應該去念動物系才對。」志祥也拍拍小虎的肩。

「其實我都是看書知道的，」小虎笑了笑，「像之前那個螞蟻窩，我在想，應該是白蟻窩才對，因爲它被扒開一個大洞，整個窩都散開了，地上有一些腳印，很可能是……」

「食蟻獸！」美珊搶先回答。

•穿山甲因常在土坡上挖掘深凹的巢穴而得名。前爪堅硬有力，可輕易扒開腐木或土穴，尾巴可靈活捲曲，利於上樹，細長的舌頭活動迅速，每分鐘可達八十次，且長及全身長度的六分之一。一胎一子。

「可能喔！」小虎點點頭又補充道：「不過，應該是穿山甲。這種動物只靠細長的舌頭迅速舔食，他完全沒有牙齒，爪子很尖，可以扒土也可以鉤住樹枝，遇到敵人就縮成一團，像一個毬果。不過，在獵人的濫捕下，台灣恐怕已經沒剩幾隻了。」

「噢，原來你說的螞蟻窩，是在腐爛的樹幹裡，是不是？我還以爲是在樹上呢！」阿明說。

「所以我才那麼興奮嘛！誰知道又被你們東一句西一句給扯遠了。」小虎笑著解釋。

「唉，可惜台灣山區的野生動物都那麼怕人，一聽到人聲就躲得遠遠的，眞的很難親眼看到他們呢！」志祥說。

「嗯，其實在台灣眞正想觀察野生動物，需要投注很長的時間，長期在山裡深入探查才比較能有收穫……不過，我們本來是來採集植物標本的，沒想到還能意外地和一些動物『擦肩而過』，也算得上『物超所值』了。」小虎說。

「小虎應該去念中文系。」志祥和阿明都戲謔小虎。

「我覺得，在大自然裡，腳踩著泥土地，鼻聞著樹草香，聽到鳥鳴蟲聲，看到動物在我們身邊的遺跡……」

「遺跡？」三個男生聽美珊說到一半，忍不住爆笑出來。

「不是啦，是……蛛絲馬跡。」美珊急急修正。

「我還滑稽哩！」志祥說。

「志祥，說不定你妹妹以後要念中文系呢！……不錯不錯，美珊朗誦得很棒，然後呢？」小虎說。

•野外觀察須注意：小心陷阱，不要驚嚇或追趕動物，不要貿然探身入洞，不要餵食動物，小心迷路，小心毒蟲、毒蛇、有毒的植物，安靜觀察，並與動物保持一定距離。

「然後啊……我也不知道怎麼形容，反正，那種人和大自然融合在一起的感覺，很好，很好，有一種回家的感覺……可惜，我只看到幾隻山羊而已。」

「都是你啦！小虎。」志祥笑著推他。

「咦，我又怎麼啦？」

「山裡的動物一聽到『小虎』，全嚇跑啦！」志祥說。

傻大個兒——台灣黑熊

台灣黑熊避居山林，甚少現形，飢餓難耐時，才會驚擾村民。他們雖然身軀龐大，卻不會主動攻擊人，長相雖然不討喜，有時動作卻很滑稽。

三月初的風，吹在身上還是涼颼颼的，全沒有春天的溫柔甜美，但是大地的心跳開始蓬勃，催著每一顆貪睡的種子：「該起來嘍！」

黑熊兄弟賴在暖暖的小窩一整個冬天，終於從洞裡爬了出來。

「嘩——」熊哥哥一出門就直奔樹下撒了一泡尿，熊弟弟也立刻在石塊後面拉了一大堆。

一到秋天，黑熊兄弟就大量進食，以儲備身上的脂肪，供冬天消耗。因爲冬天草木蕭瑟，動物也大都躲在巢穴裡休息，他們必須不吃不喝地趴在洞裡兩、三個星期，甚至一、兩個月，才能熬過嚴寒。他們休息歸休息，體內代謝仍很正常，遇到突發狀況也能起來應付，只是一趴下就懶得動，非得等到聞夠了春的氣息，或肚子眞的餓得難受，才會起來「解決問題」。

終於甦醒了的黑熊兄弟，已經瘦了一圈。

往前走了幾步，哥哥縱身跳上一棵槭樹，剛伸出爪子擰了幾片嫩芽，還來不及塞進嘴裡，就摔了下來，所幸樹不高，土壤溼軟，沒事。

黑熊弟弟則在另一邊靠近溪流的地方，很有耐性地翻著石塊，找些蚯蚓、小蟲果腹。剛才哥哥摔下來的聲音，絲毫沒有干擾他的忙碌，他連頭都沒有抬一下。

黑熊哥哥呆呆地在樹下站了會兒，忽然想到該換個地方覓食，至少也該換棵樹。

他不知不覺走到了老弟身邊，而且，時來運轉地發現了一隻凍死的小鳥，和登山者所留下來的一包「乖乖」。

•台灣黑熊是雜食性動物，從果實、蜂蛹、蚯蚓、蛙、鼠，到死掉的山豬、野兔，來者不拒。

• 西元一九九八年，農村屢傳黑熊出沒，學者已組隊入山，密切追蹤、研究。

• 除了人類，台灣獼猴是唯一的靈長類動物。牠們群居生活，通常二十～五十隻擁立一猴王，建立家族社會。

這個意外的驚喜，他自己都忍不住偷笑，當然要獨自享用啦，你看，老弟根本忙得分不開身。

他先把僵硬的小鳥叼在嘴邊，再把「乖乖」整包夾在腋下，緩緩朝林中走去。

可是，才邁開腳步，「乖乖」就從腋下掉了出來，他急忙用爪子去抓，結果因爲太慌張，小鳥又從嘴裡掉出來了。

等他笨拙地把「乖乖」和小鳥兜在一起，卻赫然發現眼前有一個大黑影，是老弟。

他們兩個互瞪了幾秒。親兄弟，果然有默契，老弟上前把小鳥叼住，走了兩步，忽然想起了什麼似地停住：「老哥，這麼困難的工作交給我搞定好了。」只聽見「喀咔」一聲，小鳥已經被嚼碎，吞了。黑熊老弟沒有回頭跟老哥報告一聲，吃完立刻走人。

黑熊老哥有點懊惱地站在原地，不由自主地搖搖頭，但他考慮了一下，還是決定別理老弟，誰知道再磨菇下去，老弟會不會又轉回來，替他解決另一個「問題」呢？黑熊老哥伸出刀刃般的利爪一扒，袋子應聲而破，「乖乖」出乎意料地撒了一地。

他愣在那裡，不太能接受眼前的事實。奇怪，裡面的東西怎麼會那麼碎，這叫大手大腳的熊怎麼吃啊！這下他還眞的需要老弟來幫忙「解決問題」了！

傻大個兒黑熊老哥，愣了愣，用指掌撈了些碎乖乖，送進嘴裡，舔舔乾淨，嗯，味道挺好的，然後埋頭大口吞，「好吃好吃，奇怪，以前沒吃過！」他意猶未盡，而且心裡暗暗高興：「看來老哥我還是比弟弟有口福，弟弟說不定永遠也吃不到這種東西咧！」

他滿意地把紙袋舔了又舔，四下張望著，很想再找到一包。小溪潺潺的聲音，喚起了記憶，對了，離開洞穴這麼久，還沒喝過水呢！

雖然剛剛嘗過美食，黑熊老哥的腦子裡傳出的訊息一直是「餓！餓！」他一路留意著鵝卵石上有沒有現成的死魚、死蝦，可以塡塡肚子。他一面走，一面不停地低頭嗅著石縫，翻來撥去，覺得愈來愈餓，愈來愈餓。

溪邊有幾個帳棚。

帳棚裡隱約傳出鼾聲。

黑熊老哥慢慢靠近了帳棚。

他很好奇地盯了一會兒，直覺有點「危險」，要是老弟在，眞想聽聽他的意見。

剛好，一個戴眼鏡的大女孩從帳棚裡走出來，伸了個懶腰，一回頭，看見了黑熊老哥。

她吃驚地摀住嘴，身子微微抖著，腳像被釘住了似地呆立在原地。

一聲尖銳的鳥啼，吹起了晨光序曲。

黑熊老哥沒有張牙舞爪地咆哮人類，也沒有因為看見人類而驚慌逃命。女孩一隻手用力扶住眼鏡，黑熊胸前黃色的V形紋愈變愈大，愈變愈大……。

然後，黑熊老哥就走開了。

女孩呆呆看著黑熊的背影，沒有歇斯底里地拚命尖叫，也沒有吵醒帳棚裡沈睡的夥伴，在她那極度訝異的臉上，慢慢地，浮現了一抹笑意……。

朝陽穿透雲霞，大地甦醒。

在各種熊裡，台灣黑熊算起來，是長相較不討喜的。跟世界各地的熊比起來，似乎也屬於「生活拮据」的那一型。

•熊會爬樹、用後腿人立、也喜歡游泳，大都穿梭於深山中，為了覓食才會出現在平原鄉居，且都單獨活動。

•台灣黑熊屬於亞洲黑熊的一支，是台灣唯一的熊科動物，也是台灣食肉目哺乳動物中體形最大的一種，胸前V字形斑紋是其特徵。

• 除非哺育幼兒的母熊，可能不顧一切地攻擊人類，一般來說，熊並不會主動和人類接觸。若在野外遇到熊，靜立原地或悄悄走避是最好的方法。

山裡的野生動物常常因爲食物不充裕，又無力與人類爭地，只好鋌而走險地向人住的地方衝鋒陷陣求生存。他們也都懂得避開敵人，連兇猛的豹、熊都不太敢現身了。

在歐美國家的鄉野地區，人類與野生動物共舞，司空見慣。秋天，母熊帶著幼熊寄居人家庫房，雪融了以後，大刺刺上樹採食楓糖。人類可以近觀自然生態的奧妙，體會大地哺育萬物的幸福與感動；人們射殺熊，通常是因爲和熊太過親近，餵食、養護他們，以致熊登堂入室，堂而皇之，威脅到家人的安全。而在台灣，台灣黑熊愈來愈不敢見天日，甚至只能成爲破壞果園的小偷；人們射殺熊，通常是因爲並不了解他們。

但其實，熊不過是一個傻大個兒罷了。

人類的近親
——台灣獼猴

獼猴是有組織、有紀律、社會階級明顯的動物，然而沒有人類的刻意保護，終將不敵環境的萎縮和惡化，甚至失去原有的天然野性。

拂曉的第一道陽光像支箭般穿透積雲，青草上的露珠像被點亮的蠟燭般迎風搖曳。

猴王向身旁似睡猶醒的大老婆示意，該出去找東西吃了。

天還沒有亮，黑矇矇的林子裡，仍飄著些許霧氣，幾隻餓得不得了的猴子已經等在樹下，準備出發。

他們雖然不知道今天的路線怎麼走，卻並不騷動。猴王從他們晶亮的眸子裡看到了信賴與崇敬，他凌空而躍，穩穩地落在衆猴前，像個武功高強的俠士，一派豪邁瀟灑。

集合得差不多了，猴王走在前面，接著是幼猴，青壯的猴子在後，老弱猴也跟著隊伍走。

猴王今天打算到溪對岸看看，那片山林不知道有

沒有被其他猴群占領，如果沒有發現勁敵，倒是可以考慮常去。最近不知怎的，他的第六感老是指引他往那兒走。

這支由十五、六隻猴子組成的隊伍，好不容易互相扶持地涉過了淺淺的溪流，陽光已經遍灑山頭。一點點熱烘烘的感覺，讓猴子們開始有點煩躁。

「老大，到了沒？到了沒？還有多遠？我快餓斃了。」一隻年輕的公猴在後面喊道。

「急什麼，就在前面了。」猴王頭也不回地說。

「老大，這地方你熟不熟啊？可別讓我們空著肚子回去喔！」一隻「歐吉桑」猴說。

「哎呀！等會兒回去會不會曬得頭發昏哪？」這是二姨太的聲音。

「囉嗦什麼！」猴王回頭怒斥了一句，「哪個再

•獮猴也和人類一樣生活作息規律。大約清晨五、六點出去吃早餐，八、九點開始自由活動，理毛、嬉戲、小憩……，下午兩點多才吃午餐，甚至到黃昏時才又出動覓食。

囉嗦，小心我揍扁他！」

走進對岸的森林，一股濃郁的芬多精撲鼻，沒等猴王吩咐，猴群立刻歡呼四散。

攀枝跳蹦的、挖掘土堆的、探頭探腦的……，意外豐盛的早餐，使整個林區洋溢欣悅的朝氣。

沒發現「地主隊」，猴王炯炯凝視四方，鬆了一口氣。他並不餓，順手採了一串稜果榕的果實放進嘴裡，細細咀嚼「發現新大陸」的滿足，甚至嗅到一絲虛榮感蒸發在空中的芬芳，他高踞石上，忽然覺得自己比平日魁梧。

看著這一大家子，漿果、核仁、樹芽、蚯蚓、竹筍、蝸牛……，來者不拒，拚命往嘴裡塞，一個個吃得兩頰鼓鼓的，先搶先贏，然後再慢慢咬碎吞下，猴王不免覺得好笑，但想起有時候，在果園裡摘了水果，咬一口就丟，扔了一地咬過的好水果，讓沒辦法跟猴群收錢算帳的果農搖頭嘆息，猴王又不由得陷入了沈思。

在台灣偏遠山區，由於天然林地逐漸被墾拓成果園，猴群覓食不易，只好偷採農人所種的現成水果。好在獼猴是保育類動物，而果農多半憐憫野生猴群，自願認賠了事，不會太干涉其採食，因此野地常見獼猴蹤影。

不知是不是因爲跟其他動物比起來，獼猴和人類的演化較有關係，還是因爲長相可愛，人類和他們巧遇，總是熱情招呼，很少慌忙走避。然而，不管是墾丁、社頂、玉山，還是台南、高雄柴山等獼猴群居之地，猴王對人類供應的瓜果，總抱著小心翼翼的態度，多半壓抑好奇與腹餓，喝斥小猴不可嘗試，常使

• 猴群休息時，仍機敏地警戒周遭動靜，一有可疑狀況或察覺危機，便在枝頭搥胸頓地，用力跳、搖樹幹，發出聲響以達威嚇目的。

好心人眼睜睜看著香蕉爬滿螞蟻而莫名所以。他們不知道，猴王看多了同伴所受的陷阱之苦，很難相信人類也有友善的一面，這是比「香蕉」能不能吃更重要的一課呢！

猴王深知在獼猴族群中，自己肩負著傳承、教育、領導的重任，對事物的判斷、理解與決定，也只有自己說了算數。獼猴雖然是有組織、有紀律、社會性明顯的動物，但若沒有人類的刻意保護，終將不敵環境的萎縮惡化；而過度保護的結果，又會使猴群和人類的生活都大受干擾，眞是傷腦筋啊！唯一可以確定的是，在地狹人稠、寸土寸金的台灣，獼猴的自然野性，仍須仰賴山林。

「大自然自有法則，就讓我們隨著自然法則繁衍，隨著自然法則淘汰吧！」想到這裡，猴王暗暗祈禱。

衆猴都吃飽了。太陽斜射進林子裡，大家忽覺一陣躁熱。看吧，眞的很曬。

一隻松鼠飛奔過地上的枯木，不明就裡的猴子們立刻猛烈搖樹，大肆哮吼，並且以爲已制敵機先，樂得很。

「夠了！」猴王舉手斥責，「這裡不是咱們的場子，看清楚，一點風吹草動就叫叫叫，浪費力氣！」

「媽媽，爸爸在說什麼啊？」一隻偎在母親懷中的小猴仰頭問。

「爸爸叫我們吃飽了準備回家。」母猴溫柔地回答。

猴王聽了，回頭深情地看了母猴一眼。

獼猴的社會裡只有猴王能和母猴交配，其他公猴．猴王年老力衰或一再敗陣的公猴，多半黯然離群，成爲孤猴，因此被獵捕的機會大增。

若覬覦，得先打敗猴王才行。

猴王健壯、聰明、果敢，終其一生都須應付不時想篡位的嘍囉們。但三妻四妾的服侍和討好，誰不心動？血氣方剛的小伙子相信「成者爲王，敗者爲寇」的道理，通常會選擇奮力一搏。臉皮厚的人，大不了當個偷情者，幫猴王分擔一點享不完的「齊猴之福」，另附贈幾頂綠帽子；臉皮薄的，也不致眞的淪爲「寇」賊，嚴謹的戒律下，只是「有志難伸」，孤單地走完一生，充其量像個「浪人」罷了，並不會被揍扁擺平。

當然，猴王也不是每次都贏，一旦落馬，權杖被奪，也得適應孤獨。昔日的光環不見了，變成一介凡夫，尤其到了晚年，體力不如從前，若一朝被取代，捨不得離開，還在族群裡混的話，恐怕只有靠自己

「心理建設」。

「唉，這鬼太陽眞毒，曬得我頭都昏了。」回到棲息的樹林以後，猴王靠著枝幹微喘。

「睡一下吧。」三老婆立刻過來坐在猴王身邊，替猴王理毛。她的手輕盈靈巧，猴王的毛經過她的梳理，如吹風機吹過一般，立刻光亮服帖，整整齊齊。

幾隻年少的大猴不想睡，逕自在樹梢伸展四肢，盡情跳躍。這「成者爲王，敗者爲寇」的族群法則還沒有向他們籠罩下來，他們的母親已先諄諄告誡，只有猴王才可以豎直尾巴走路，不可以玩得太瘋，冒犯了猴王的尊嚴。

黃昏時分，四周一片嘈雜熙攘，猴王從夢中的鎖鍊逃了出來，一身冷汗。

「吵吵吵！哪個再吵，老子揍扁他！」他叫道。

•西元一九九八年，政府將五隻結紮的雌猴野放到澎湖小島，由於適應的情況不錯，半年後再野放一批，希望以漸進方式幫台灣特有的猴子尋找更合宜的生活環境。

•台南縣曾有幾位果農特別憐憫獼猴，有的搶救過被陷阱夾傷肢殘的猴子；有的怕猴子不愛吃自家種的龍眼、芒果，還常自掏腰包去買香蕉、地瓜來款待牠們；甚至有人每天花在供養猴群上的費用已經超過經濟所能負荷。

「喂！老大，你有沒有燒壞了腦子？現在都什麼時候了！」一隻「孤猴」向猴王喊道。

「該吃晚飯啦！」大老婆打圓場地向孤猴溫柔地笑了笑。

「噢，這樣啊！」猴王搓了搓臉。

這回，沒等猴王下令，大家便開始朝早上的林子進發，早餐那樣美妙，晚餐當然不作他想。

猴王迷糊地睜著惺忪的眼，默默跟在後面。夕陽燦爛，暖風款款。「幾年後，我們會有多少子孫啊，這座山一定是我們的——」猴王喃喃自語，幸福又驕傲。

森林的大敵——鼯鼠和松鼠

適應力強、啃咬不停的松鼠，令林務人員大傷腦筋；夜間活躍在枝幹間的鼯鼠，是台灣山區特有的奇景。

「砰！」氣球猛然爆破的聲響，驀地驚詫了草叢裡的生靈。

手電筒打亮的前一秒，一隻蟬「啪！」的從樹幹上掉到土堆上。

黑暗中，空氣裡微小的震動，迅即被大地沈睡的呼吸淹沒，誰也沒有聽見剛剛的小音波，除了一隻正在唱歌的癩蝦蟆。

「發仔，緊看，有唔？有唔？」一個急切、興奮的中年男子不斷催促著。隨著這個突兀的叫嚷，整個森林彷彿被接上了電源，發出了不和諧的「馬達抽水聲」。

蚯蚓停止了求偶的歡唱，蟋蟀也立刻靜默了下來。

「啪！」手電筒亮了。

一團白色絨毛無聲地自兩層樓高的枝葉間緩緩飄下。

緩緩地，像在跳著芭蕾舞，優雅地墜落到漆黑的泥地上。衆人一擁而上。

「你看什麼看啊！」蟬抖了抖翅膀，甩甩暈眩的頭，睜開眼睛，發現有一隻癩蝦蟆愣愣地盯著前方，像座雕像，他壯著膽子問道。因爲他認爲自己逃過一劫，應該就沒事了，他不知道大家在「忙」什麼。

「呱——哈——」癩蝦蟆跳開一點點距離，對這隻胖蟬有點愛理不理。

蟬跟近了一步，想找個聊天的對象，平撫意外被槍響震落的恐懼。

「朋友，你……對不起，我剛剛受了點驚嚇，從樹幹上摔下來，……恐怕我腦子有點不清楚了，你能不能告訴我，你在看什麼？」蟬靦覥地換了一種說法，想引起同情。他自己也不知道哪來的第六感，覺得癩蝦蟆不會傷害他。

沈默了半晌的癩蝦蟆終於開口了：「唉，可憐噢！」

「是啊，我簡直嚇呆了……砰的一聲，還好翅膀沒摔斷！」蟬說著忽然覺得心情好多了，幽幽地吐了一口氣。

「誰跟你說你可憐啊？……我是說他——看到沒有，那是阿立！」

「阿立？」

「白面鼯鼠阿立！」

蟬的臉馬上紅了，然後，眼眶也紅了。

「可憐噢，唉，我從小看著他長大的啊，才兩歲

•鼯鼠（飛鼠）是唯一能在空中滑翔的哺乳動物。滑翔和飛翔不一樣，滑翔不能向上飛或在空中單獨停留，只能藉著氣流，在定點與定點間由上向下，不著地的移動。鼯鼠行動時，會先爬到高處，然後張開翼膜，乘風而行，降落之後，須再爬到高處，才能展開滑翔。

咧，就被這些獵人給殺了……」癩蝦蟆說著擤了擤鼻子，「今天早上，我遇見他，他還高興地喊我：『蝦蟆爺爺，我就快結婚囉！我要結婚嘍！』」說到這裡，癩蝦蟆已經老淚縱橫。

「砰！」又是一聲槍響，風吹過來，隱隱透著一絲腥味。

「哇——」人們大聲歡呼，「松鼠！松鼠！」

「喂！阿財，趕快去生火，待會料理好，來烤松鼠肉。」

「喂喂喂！尾巴我要。」

「尾巴都是毛，沒什麼肉啦。」

「不是，他要當假髮啦！」

樹叢中傳來陣陣哄笑。

「阿財，松鼠肉是什麼味道？好吃嗎？」

•台灣常見的鼯鼠有三種：大赤鼯鼠、白面鼯鼠、小鼯鼠。松鼠也有三種：赤腹松鼠、條紋松鼠、長吻松鼠。

•松鼠和鼯鼠都會發出尖銳而響亮的叫聲，如：「呼——」、「斯——」、「嘰——」、「嘎——」等，在求偶或警告時特別明顯。

• 鼯鼠的巢大都築在樹洞裡，堅銳的牙齒正好可以用來整修內部，裡面鋪上柔軟的枝葉，甚至自己的毛。

「很像豬皮，眞的不騙你。」

又是一陣哄笑。

「趕快啦，火種在包包裡。」

癩蝦蟆和蟬默默地聽著隱約的鼎沸人聲，不一會兒，火光透出，映照著一方明亮溫暖。

「那邊！」又有一個人興奮大嚷，嘴裡還嚼著東西。

手電筒照過去，鼯鼠一對炯炯的眼睛立刻像被噴上了膠一樣，眨都不眨一下。

槍響，鼠落，人嘈雜。

蟬悄悄離開了。

他在黑暗中摸索前進，一整夜，帶著驚悸的心情，努力想找一個眞正安全的地方。儘管已經累得筋疲力盡，鼯鼠那對閃爍的眼睛竟鬼魅般如影隨形；一整夜，蟬彷彿都感覺得到槍響後的煙硝味，瀰漫林間……

「吱——嘰嘰嘰！吱吱，咯——」是什麼聲音？

蟬睜開眼，陰雨天。

用力吸了幾口清涼的樹汁後，他想起了昨晚的經歷。「我做了一個好可怕的噩夢，對不對？」蟬喃喃自語。

一滴水珠砸到他頭上，空氣變得好清新。

「嘰嘰——吱！吱吱！」一陣陣尖銳高亢的聲音，此起彼落，響徹林梢。

「是什麼聲音啊？」蟬試著朝那個方向傾聽。

一團棕褐色的絨毛從上面滑下來，粗魯地掃過蟬的頭頂，落到地上，立刻，對面發出了尖銳的聲音回

•松鼠有貯藏食物的習性，有時兩頰塞得鼓鼓的；有時則將採得的堅果、種子，藏在空樹幹或土洞中，甚至會用嘴把果實一一埋進土裡。由於台灣早期林木資源豐富，松鼠量多，西元一九三三年時，日本人曾經將台灣松鼠帶回去繁殖、放養，成爲伊豆等地常見的動物。

•鼯鼠和松鼠均屬於齧齒目松鼠科動物。牠們的牙齒堅固，上、下門牙磨損後又會不斷生長，專啃樹皮、果實、種子、葉芽等。松鼠白天活動，鼯鼠則多在夜間覓食。原住民喜歡吃牠們的肉，常用陷阱、槍彈獵捕。

應。

「是松鼠在談戀愛呢！哦不，好像是在吵架！」蟬會心一笑。他悄悄向上爬著，爬著，前腳果然碰到乾乾硬硬的葉梗。

沒錯，原來蟬昨夜與赤腹松鼠做了上下樓的鄰居呢！他想偷偷參觀一下人家安穩舒適的家。

「嗯，乾樹皮、大枯葉……毬果，我喜歡這種味道。」蟬繼續往裡走，卻發現愈來愈熱，愈來愈悶，愈來愈難走。「哇，這些細枝子一層層包裹起來，密不透風，簡直就像蜘蛛網！」他猶豫著，不敢再向裡探頭，但好奇心又驅使他停下來四處張望。

「裡面一定是用柔軟葉片鋪成的床嘛！」他催促自己趕快離開。這時候，忽然凌空罩下一個大黑影，強大的氣流把蟬捲落到地面上。

•赤腹松鼠會用枯枝、嫩葉築舒適的巢。牠們常常把巢築在濃密的樹上，先用粗枝盤成雛形，再用柔軟的樹皮、葉片鋪出睡墊，而一隻松鼠可能有好幾個不同的巢，分布在各處，便於逃生或至遠方覓食。

「是老鷹嗎？」蟬揉揉眼睛，「老鷹，要抓松鼠……」他站起來，喃喃安慰自己，但黑影迅速變成了「白雲」，而且，就停在他身邊。

蟬想起了癩蝦蟆昨夜說的白面鼯鼠阿立，一陣腥味衝鼻。

濃重的呼吸夾雜著纖白細毛，讓蟬忽然有點暈陶陶。

「阿美，小心點啊！」對面的樹洞裡探出了一顆頭，朝這兒喊道。

「媽，知道了啦，大龍在等我嘛！」

霎時，「白雲」變成了「魔毯」，靈巧地滑翔在林間。

樹梢輕顫，柔風像呵護的手，捧著嬌嫩的雲朵，雲朵像打開的音樂盒，在枝幹間播放著動聽的歌。

「媽，你也要小心呀！」阿美停到對面回頭喊道，「不要一聽到樹幹被敲的聲音就跑出來，獵人很壞呢！」

「阿美，叫大龍也要小心哪！那孩子太莽撞，什麼都不注意——」

「別忘了爸爸怎麼死的，阿美！」

蟬向前追了幾步。

「白雲」已經飄走好遠。

小雨，淅淅，淅淅，淅淅。

「聽見沒有！阿美！」

「小心哪！阿美！」

整個森林，全是鼯鼠媽媽的聲音。

蟬張嘴想說什麼，卻只舔了舔雨。

這雨，有一點酸，也有一點甜。

食槽裡的呼嚕聲——豬

豬是台灣農村普遍飼養的動物，牠幾乎什麼都吃，且容易繁殖、生長快速，不但改善了人們的生活，也促使經濟蓬勃發展。

阿水嬸在黑暗中醒來，朦朧中，聽見牆上的老掛鐘敲了四下。

她揉揉眼睛，坐起來。

走到穿堂，幾聲雞啼使她精神一振。先到正廳檢視一下神桌，然後才到廚房去。

阿水嬸用一點報紙點燃灶火，然後添些碎屑木片，讓火著起來，再到牆角抱一小捆粗柴丟進灶門。

她一面燒開水，一面切豬菜和絲瓜葉、番薯藤，手不停地忙，腦子也沒閒著，操心家裡大大小小的事，不自覺地皺緊了眉頭。

水開了，她把昨天的剩飯倒進去，攪一攪，看看好像不夠，又添了兩把米，蓋上蓋子。

利用這個空檔，她把堆在地上還裹著乾泥的芋頭和馬鈴薯洗好，削皮、切塊丟進鍋裡，然後，不自覺

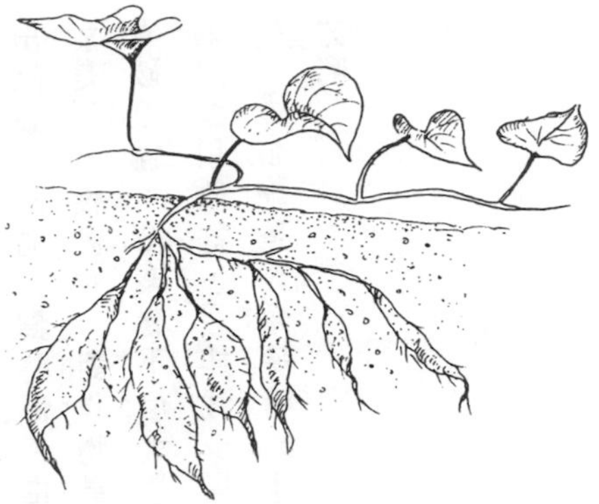

地，又嘆了一口氣。

「透早就嘆氣，是什麼代誌啦？」阿水叔從後房冷不防地走出來，嚇了阿水嬸一大跳。

她撫了撫胸口，埋怨道：「啊，你實在……」轉身盛了一碗稀飯給阿水叔，又打開紗櫥去挾醬瓜和豆腐乳。

「豬吃了沒？」阿水叔扒了一口稀飯問。

「有啦。」阿水嬸語氣裡透著些不耐煩。

沈默了半晌，阿水叔又問：「那你還在煮什麼？」他希望阿水嬸也坐下來吃。

阿水嬸不理，兀自把洗米水倒進鍋裡，另外又舀了一大勺米糠，加進切好的地瓜葉，蓋上蓋子，接著又開始洗空心菜。

「咦，你在煮豬仔要吃的啊？豬吃了沒？」阿水

•豬被人類馴養以前，是成群生長在野外的，受到驚嚇時會排成有利的隊形，並發出吼聲，團結抵禦外侮。由於是雜食性動物，對作物具有破壞性，被豢養不但大量增加食用收益，還能減少損失，這也許是人類聰明的地方吧。

叔實在找不出別的話來聊。

「有啊，嗯，啊，豬仔現在不是正在吃稀飯配醬菜？」阿水嬸沒好氣地回答。

阿水叔笑著搖了搖頭。

豬食煮好了，熱呼呼的一大桶，散發著飯菜的香味，和人吃的其實沒什麼兩樣，農村時代，簡單富足。阿水嬸吃力地把桶子提過門檻，靠在門上喘了喘。

雨絲斜斜地飄下來。

阿水嬸略遲疑了一下，仍舊雙手提起了桶子，儘量加快腳步繞到屋外後巷，咬著牙撐到了豬圈。放下桶子，立刻打了一個大噴嚏。

欄裡圈養著三頭豬，一隻母豬和兩隻小豬，擠在以前不到五坪的小倉庫。

豬已經聚在槽邊等飯吃，一看見阿水嬸，立刻爭著把長鼻尖嘴湊過去，咱嗒咱嗒吃起來。個頭比較小的那隻被擠到一邊，但還是拚命圍上去，一面嚼，一面猛吸飯香，傻愣愣的模樣。

豬圈裡瀰漫著稻草、糞尿、腐臭混合的味道，遠遠便能聞到，令人作嘔，但阿水嬸絲毫沒有異樣表情地站在一旁看著，看著，漸漸發起呆來。

「會淋到雨喔！」忽然一頂斗笠罩在阿水嬸頭上。阿水叔不知道什麼時候站在後面，眼角浮起盈盈笑意。

「阿你哦，要驚死人啦！」阿水嬸接過簑衣。

「今天落雨，免下田啦！」阿水叔說著探頭看了看搶食的豬隻，說：「咦，好像都沒比較肥哩！」

「你是怪我沒給牠們餵好啊？」阿水嬸想到豬

吃、人吃，就是她自己還沒吃，不覺發了脾氣。

「哎，你在說什麼瘋話啦，」阿水叔拍了拍阿水嬸，「你是在煩惱什麼？透早就一直聽你在嘆氣！」

「哪有！」阿水嬸披上簑衣，但還不打算回去，她站在豬圈前饒有趣味地看著豬吃東西，心裡有一點點高興。

「奇怪，吃不少啊！母的怎麼愈來愈瘦？」阿水叔蹲下來，仔細打量滿嘴渣滓的豬。

「死老猴！你現在在說誰啊？你給我說清楚，」阿水嬸用力搥了搥阿水叔，「你祖媽還沒吃哩！」

阿水叔大笑著站起來，說：「好啊，今天免下田，你老爹現在就去拔豬菜來煮給你吃！」

阿水嬸也不甘示弱：「那隻公的已經四個月，可以叫人來閹一閹了！」

•台灣豬是由開墾時期的大陸移民所帶來，約分為小型長鼻種、大型長鼻種、桃園種、美濃種、大耳種和小耳種。西元一八九七年，農業試驗場從美國、日本引進盤克夏種豬與本地品種交配，以改良原先瘦小的體形，由於成效良好，以後就大量繁殖盤克夏種豬，淘汰原先的品種。接著又引進約克夏種、藍瑞斯種、漢布夏種等歐美優良品種，不斷改良，並舉辦比賽、展覽及養殖場

（接下頁）

（接上頁）
評鑑等活動，以促進養豬事業的發展。

阿水叔一聽直點頭：「可以可以，說得有理，另外那隻小母豬也差不多該給牽豬哥的看一看了！」

換阿水嬸大笑起來：「你只想到這些豬仔，你有沒有良心啊！」她叨念道：「咱阿美嫁那麼久了，都沒有生，你都不會煩惱她婆家說閒話啊？」

「唉，沒生就沒生啊，你在這裡煩，她就會生啊！」阿水叔說。

「阿山在台北教書，聽講現在學生很壞，不愛念書，還會拿刀殺老師哩！」

「咱阿山不會被學生殺啦！你自己的孩子，自己要有信心，不會啦！」阿水叔說。

「那，最小的明年就十九了，你不緊幫伊找婆家，哪沒緊嫁，到時沒人要就慘噢！嚴重哩！」阿水嬸又說。

•台灣早期的副業以養豬爲主，豬吃番薯、豆餅和人剩下的飯、湯，豬圈亦不需講究設備。光復初期，農村平均每戶都養一、兩頭。有人專門繁殖公豬，上門爲別人飼養的母豬配種（俗稱「牽豬哥」）；也有人專爲出生三、四個月的仔豬去勢（俗稱閹豬仔）。仔豬飼養八個月後，可長到約九十公斤。六〇年代，台灣養豬戶分布的密度，曾高占世界主要養豬國（美國、英國、丹麥、

（接下頁）

「沒人要就沒人要，伊自己會賺錢，又免咱兩老養！」

雨小了，阿水叔掏出菸來。

「唉，你啦，你最糟，豬仔在吃，你還抽菸，想害豬生肺病啊！再半年就可以賣了，你攏不考慮我是怎麼辛苦？」

「唉，」阿水叔才嘆一口氣，阿水嬸就又嘮叨了：「說我？你自己不是也在嘆氣？自己的身體要顧好，再幾年你沒體力下田，咱們要吃什麼？」

「吃你煮的豬食啊！」阿水叔收起菸，轉身往回走，「阿蘭，別再操煩啦，操煩未了啦。你看，豬仔明明知道人餵牠們是要幹什麼，牠們有生氣嗎？」

阿水嬸愣了愣。

「牠們一定知道以後會給人家牽去殺，肉給人家

（接上頁）巴西、波蘭、捷克……）第一位。

吃，但是牠們有絕食抗議嗎？……」阿水叔不由自主地又摸出菸來，卻又放回口袋：「我是講，阿蘭，」他咳了一下：「我是講，你每天攏煮一樣的東西給牠們吃，有時也換一換嘛！明天我向里長義仔討一些豆粕、土豆仁粕什麼的，他們在賣豆漿，應該剩很多沒有用，咱拿來餵豬，你看怎樣？」

「你講我煮的難吃啊？」

「沒沒沒，人講『給牠們好，牠們會更加好』嘛！」阿水叔急忙解釋。

「噢，原來你那麼關心豬啊！」阿水嬸仍舊邊走邊罵。

「我也有關心你啊，你的斗笠、棕簑不是我拿來的嗎？」阿水叔說。

雨忽然變大了，阿水叔開始用跑的。

雨打在他花白的頭髮上、白汗衫上，一會兒就看不見人影了。

阿水嬸提著空桶子，一個人慢慢走在後面，緊抿的嘴角掩不住寬慰的笑。

•蘭嶼的雅美族認爲豬可以招來福氣，可以用來敬拜神，且可以贖命。豬肉不可以獨享，須分配給親族，且有些部位只有男人可以吃，有些部分只有老人可以吃，也有些只有女人可以吃。

辛勤的長工——牛

農村裡的牛，除了耕田，還負責交通運輸，是機器時代來臨以前，不可或缺的幫手。

這裡是偏遠的市郊。

六月的豔陽高照，柏油路上曬著一撮一撮的菜乾。

雜草蔓生的荒地上，一窪窪爛泥。今年連連大雨，好不容易放晴，眞教人鬆了一口氣。

一部賓士轎車緩緩駛近。

小女孩探出頭來，興奮地叫著：「牛！牛！爸爸，你看，牛！」

泥窪裡淹著一顆牛頭，動也不動，彷彿沒有呼吸，像一件雕塑到一半的藝術品。

牠附近沒有白鷺鷥，沒有蚊蠅，身體整個浸在泥窪裡，與泥水融為一體。

牠眼睛微閉，偶爾輕輕頷首，似乎在感謝大地提供的完美享受。

「這就是牛。水牛！沒錯！哇，妹妹好棒哦！」中年男子挺著突出的小腹，停好車，抱著小女孩走出來。

這條牛已經「退休」了。兩年前，主人買了耕耘機，牠於是功成身退，開始享清福。十多年來辛苦賣力，基於和主人間的默契，牠非常確定自已絕不會被送進屠宰場或賤賣給另一農家繼續服役。

「爸爸小時候，家裡也有養牛喔！」站在和牛相距二十公尺的柏油路上，男人的眼中充滿回憶。

「啊！眞的嗎？是不是在奶奶家？」小女孩仰頭興奮地看著父親。

「對啊，在奶奶家啊，……可是，現在已經沒有養啦！」男人慈愛地撫著女兒的頭說。

「爲什麼沒有養了呢？」小女孩問。

• 牛在被馴養以前，雄壯勇猛的體魄，受到人類的崇敬與欣賞，西方人因爲牛所帶來的貢獻而改善了生活與文化，而希臘神話中也有許多關於牛的想像。

• 台灣早期牛隻的分布與耕地性質有關，水田多水牛，旱田、蔗田則多黃牛；而阿美族會以水牛的數量象徵財產的多少，養牛的風氣很盛。

•台灣水牛的毛色爲灰黑或棕黑，成年公牛體重約有四百五十公斤，母牛約爲四百公斤。三歲卽成年，可以服役、交配繁殖，母牛懷孕期約三百十五天左右。台灣黃牛毛色爲淡褐色或深咖啡色，成年公牛體重約三百四十公斤，母牛約爲兩百五十公斤。一歲半卽成年，母牛懷孕期約爲兩百八十天。

男人愣了愣，說：「因爲那隻牛太老啦，所以就死啦！後來，奶奶就說，不要養好了。」

「爸爸，那這隻牛老不老啊？」小女孩指著沈浸於泥浴之樂的牛說。

「噢，不知道吔！」

「爸爸，牠眼睛閉起來了，牠在睡覺對不對？咦，爸爸，牠的身體不見了，爸爸，牠是不是也要死啦？」小女孩一疊聲的發問，把男人推進記憶的隧道中，他若有所思地望著這條神遊太虛的泥牛，心中湧起一陣激動。

「爸爸，牛這麼大，是怎麼養的啊？」小女孩又問，「是不是給牠吃『寶路』？」

二十年沒有再看過牛，熟悉的畫面，陌生的感覺，往事歷歷。他想起家裡那條牛，是寵物，是玩件，是長工，更是家裡的一分子。

小時候父兄種稻，他則負責放牛。常常因爲貪玩，牛把鄰人的作物吃了大半他都沒發覺，結果回去捱了一頓好打。

牛舍就在屋側，離他房間很近。半夜起來到外面公廁小解，總是看見牛安靜地反芻著，似乎在等天亮上工，絲毫不曾闔眼。

牛吃芒草、蘆葦，尤其喜歡甘蔗莖葉。牛天性怕熱，在太陽下曬久了，則呼吸急促，體溫上升，必須潑水、塗泥才能讓牠舒服一點。夏天蠅蚋特多，白天靠泥浴、鳥啄、尾搧，晚上則必須燃草驅蚊，才能讓牛好過些。

插秧前的整地工作，每個步驟都少不了牛。農人用犁、耙等工具架在軛上，讓牛來回拖幾趟，把土翻

- 水牛比較不耐熱，日曬後，體溫升高約三度，脈搏也增加約三十次，呼吸急促，所以須泡水。牧童常將泥巴塗在牛身上或大量潑水，幫助水牛散熱。
- 牛上工耕田時，須戴上許多配備，如：牛軛、牛索、鼻環、嘴籠、牛鈴、牛鞋等。

•牛身旁經常跟著烏秋、麻雀、白鷺等鳥類，這是因爲體形龐大的牛一走動，常驚起草叢中的蚊蟲，鳥類可以乘機飽餐一頓。

開、耙鬆，才能播種。

有些地方土質過於淤軟，或遇雨季一片泥濘，耕耘機鐵牛操作不易，便只有靠眞牛一步一腳印了。農人雖然知道牛的重要性，但很少耐著性子給予溫柔鼓勵，幾乎都是揮著鞭子趕牛前進。一方面因爲怕牛慣壞了難以管理，另一方面，人也很疲累呀。但牛的辛苦，農家最清楚，所以農人大都不吃牛肉。

一般來說，耕種的役牛一年約工作一百四十天，主要集中在春、夏農忙時，其餘的日子就只是吃草、喝水、泡澡的休閒了。

台灣早期的農家，幾乎戶戶都養牛，除了耕作，牛還可以當做交通工具或載送貨物，而未開發的山野水澤，機車尙未普及，牛更是不可或缺的幫手，騎牛渡河涉溪是最便捷安全的方法，四、五〇年代十分常見。

「爸爸，」小女孩忽然拉拉男人的衣服，把他拉回了現實，「那牛死了，你有沒有哭啊？」

男人尷尬地笑了笑：「沒有……牛跟你的狗狗不一樣啊……」

小女孩恍然大悟：「牛不能抱對不對？」

男人苦笑著點點頭。

孩子的世界是多麼純眞哪！孩子的思路簡單、自然，不由得使他想起了他的姊姊。

姊姊從小就要分擔家務，劈柴、種菜、燒飯、洗衣，連想養一隻狗都不敢開口。姊姊不管放牛的事，但會陪他沿路撿拾牛糞。牛糞曬乾後可以當柴燒；用牛糞混合米糠、泥土，黏性特強，且有隔熱作用，可以用來糊牆補屋。此外，拌上禾稈雜草，踏勻之後，

•荷蘭人占據台灣時，輸入黃牛做開墾、搬運之用，後來農田廣泛開闢，閩粵移民亦帶來水牛，水牛數量逐漸多於黃牛。

•一頭水牛每天的排糞量約有一點五公斤，排尿量約有兩公斤，一整年計算下來可達十一點五公噸。牛糞是很好的塗料及肥料，甚至可以曬乾當柴燒，稱爲「牛柴」。

又是很好的肥料。

記得有一次，他和姊姊正在撿牛糞，忽然跑來一隻小黃狗，圍著他們歡喜跳躍。姊姊驚喜的臉上，立刻浮現一抹紅暈，像中了獎般地靦覥、開心。才怯怯地伸手摸了摸小狗的頭，小狗馬上乖乖躺下來，逗得拘謹而嬌柔的姊姊縱聲大笑。那一刻，他的鼻子酸了，因爲發現姊姊的背駝得厲害，過早的操勞使她臉上盡是風霜……。不知不覺，天黑了，他們急急忙忙趕回家，沒想到，小黃狗一路跟，怎麼也攆不走。果然，一進門父親就抄起了掃把大聲喝斥，姊姊一面生火煮飯，一面偷偷拭淚。

沒有多久，父親向農會貸款，買了耕耘機，牛就被牽走了。

記得那是個陰雨天，清晨四點多，姊姊叫醒他，

•牛墟是牛的交易場所，每月約舉辦九次，約三天開墟一次。台灣有三大牛墟——台南鹽水、新化（善化）和嘉義北港。以往每次開墟販牛平均都約有三百頭（有時甚至上千），但今已沒落，只有十餘頭左右。售牛者須付飼料費及紅包（紅包由牛墟派人贈給買主，含有祝福的意思）。賣時牛不必秤重，完全憑議價，估量滿意即算成交，一般成交價都在二十萬以下。

（接下頁）

要他跟她去牛墟。足足走了兩個鐘頭的路，才見到熱鬧喧騰的販牛市集。

雖然肚子很餓，幼小的身體爲了支撐這一趟跋涉，已經眼冒金星，疲軟無力，但一想到姊姊的可憐，只有打起精神，奮力張望來往穿梭的牛隻。

終於，看見爸爸了。牛被牽出來，幾個人圍過去，交頭接耳。

遲疑了一會兒，姊姊忽然把他拉到一邊，躲進布幕後面，只露出眼睛偷偷地看。

牛兒低著頭，嘴裡反芻地嚼個不停，像青少年無所事事地吃口香糖，一點也不驚慌。偶爾抬頭朝天空晃晃腦袋，似乎很看得開。

爸爸拍拍其中一個圍觀者的肩膀，大笑了幾聲……。

（接上頁）

已經售出的牛，牛角上會掛上紅布條，新牛主也會得到一份買賣契約書（入場交易時，牛主和牛墟所訂的契約書，當時稱爲「牛票」，上面記載牛主與牛的各項資料）。日本人會規定每頭牛都須有「身分證」，牛的狀況和異動皆一一登錄管理。

就在他瞌睡得幾乎跌在地上的時候，牛終於被交給一個長相兇惡、口嚼檳榔的中年人。他身邊跟著一個小男孩，頑皮地踢著牛腳好玩。姊姊看了，不由得淚流滿面。

當小男孩衝過來衝過去，粗魯地想跳上牛背時，姊姊再也忍不住地跑過去，趴在牛身上痛哭起來。

吃了一驚的父親，面對買主錯愕的神情，立刻朝著姊姊甩了一耳光……。

等他好不容易陪姊姊走回家，已經是中午了。陰雨過後，太陽重展歡顏，沒牛可放的他，一時不知道該做什麼。和鄰居打了一整個下午的彈珠，終於看見父親駕著拖車回來了。

一臉倦容的父親跳下車，並不急著進門，只默默地站在車旁抽著菸。過了一會兒，他彎身向車裡探了探，抱出一隻雪白的小狗……。

「爸爸，你以前養的牛，是不是也像牠這樣都不動啊？爸爸，牠是不是睡著了？」小女兒又拉拉他的衣角。

關上記憶的窗，他摸摸女兒的頭說：「想不想姑姑啊？爸爸帶你去找姑姑好不好？姑姑喜歡你啊！」

「姑姑住哪裡啊？」

「住陽明山啊！」

「不要，我要看牛。」

「有啊！姑姑家也有牛啊，牛的便便上面還會長一朵一朵的香菇喲！」

「姑姑家有香菇啊？」

「想不想看？走！」

在女兒的歡呼聲中，他發動車子，一路飛馳。

•牛的角色在台灣一直受到普遍的尊重。清朝時，為獎勵農耕，在立春那一天還會舉行「鞭春禮」的祭祀牛神儀式，祈求豐收吉祥。農家多半相信牛的靈性，民間也流傳著各種牛的義勇故事。

咯咯啊啊——家禽類

除了豬和牛，數量更為龐大且可圈可放的家禽類，肉和蛋的收益，也是台灣經濟發展的重要功臣。

「唉，這個雨，要下到什麼時候才會停啊！」老祖母佝僂著身子，站在門前望著迷濛一片的水氣，眼睛微微瞇了起來。

「阿嬤，快點進去裡面休息，站在這裡，雨潑到會感冒啦！」阿婷衝進來，一面脫雨衣，一面說。

「你阿爸呢？鴨子都關好了嗎？」阿嬤布滿皺紋的臉上，流露著擔心。

「關好了，阿爸正在餵。」阿婷說完就到廚房去了。

「唉，天公保庇，天公保庇！」老祖母雙手合十，喃喃自語。

「春雨足，染就一溪新綠」，蘭陽平原的鴨子最早感受到池塘的溫潤，快活地在水塘裡游來游去。

「阿母，快進去，站在這裡會被雨潑到啦！」福

伯抖了抖溼淥淥的雨衣，一轉身，看到坐在門口撥著念珠的老祖母，急忙催促著。

看老祖母不理，他又說：「我都安排好了，鴨子不會有事的，阿母，放心啦！」

「你有關好嗎？雨若一直下，牠們會被沖走哩！」老祖母不安地叮嚀。

「有啦有啦，阿母你免煩惱，鴨不怕水，咱鴨寮蓋得很高，水不會淹到啦。」

「阿嬤，阿爸，吃飯了！」福嫂端湯上桌，阿婷站在一旁擺碗筷，一邊叫道。飯菜騰騰的熱氣，很快就讓氣窗吹進來的雨氳散盡。

「福仔，你小弟那邊，」老祖母沈吟了一會兒，遲疑地問道：「雞仔不知道好不好養？」

「阿仁自己有茶園，種茶很好啊。阿母，你怎麼

•人類最早開始馴養禽類，或許是因爲發現牠們的頻繁下蛋比任何一種動物的繁殖都要快，若有死傷，也不致造成太大的損失，且家雞可任意放養，與野雞交配，很快又能有新雞種回收，甚具經濟價值。

會想要他養雞？」福伯喝了一口湯說。

「我是看你養鴨這麼賺，他那裡都是山，咱世代都在賣雞蛋，不如叫他試試看！」老祖母說。

阿婷聽了，滿臉疑惑地看看老祖母，但瞥見她嚴肅的表情，只好趕緊低頭扒飯。

福嫂微笑著說：「阿母，我看，阿仁那塊山坡地，還是種茶比較好，如果要開養雞場，專養生蛋的雞，恐怕一時也不容易有規模，還要找人幫忙照顧，而且，生產、經營、運銷都必須考慮，沒那麼簡單啦。」

老祖母沈默不語。

福伯想了想，說：「阿母，其實你免想那麼多，阿仁那裡眞要養的話，養土雞也不錯啊，讓雞在茶園、竹林裡自己跑，自己吃，免照顧，蛋生不多不要緊，這種雞肉結實，很多人愛吃哩！」

阿婷插嘴道：「對啊，對啊，阿叔以後可以開土雞城喔！」

福伯點點頭：「土雞城也不錯啊。外國引進的那些品種肉太鬆軟，便宜是便宜，吃久了會煩。聽講現在市場裡仿仔雞比較好賣。」

老祖母終於開口：「要就養土雞，咱不大規模生產，給牠們自由，自己做巢，自己抱蛋，這樣活較久。夠賣就賣，不夠賣就自己吃，天公伯仔才不會生氣。」

阿婷忍不住笑了。

福嫂附和著說：「這樣好，這樣好，阿仁不用多太多開銷，也不會忙不過來，種茶有閒順便賣賣土雞，不錯啦！」

•民國四十八年、四十九年連續發生大水災，養雞業面臨重大危機，但在蛋、肉減產的情況下，也吸引了更多想賺錢的人投入飼養，再加上農業研究單位的支援、輔導，使飼料、雞場、銷售一連串作業都獲得了提升，各種瘟病也在精密分析下，有了良好的預防成效。

•台灣自外國引進的雞種有蘆花雞、洛島紅、來亨雞等。

•民國五十年以前，台灣所飼養之雞種混雜，生長緩慢，民國五十二年以後引進肉雞種，產量明顯增加。但國人的烹調習慣偏好放山土雞，使得與外國洋雞配種的純肉雞產量減緩，於是開始了洋雞、土雞的品種改良試驗，各地的雞種體質、體形也日趨多樣。

福伯見安撫奏效，老祖母釋懷，便把話匣子打開，聊了起來：「阿母，其實，以前小時候我常常想以後長大要去養鵝哩！小時候看隔壁阿春家的鵝，頭昂得高高的，嘎嘎叫，走路大搖大擺，好神氣，哇！好羨慕哩！」

老祖母白了福伯一眼，瞋道：「我又沒叫你不要養！」

福伯微笑說：「不是啊，後來我看見阿春的鵝老是在池塘邊拉屎，又常常互相啄來啄去，脾氣好壞，有一次，我不給牠吃白菜，牠還追著我咬哩！」

大家都笑了。

老祖母說：「鵝就是這樣。」

「還是養鴨好。」福伯說。

「阿爸，可是人家鵝毛價錢很好呢！鵝毛可以拿去做羽毛被、羽毛衣。」阿婷說。

老祖母說：「唉，不管怎樣，我還是覺得我們蘭陽這裡最適合養鴨。鴨子愛游泳，咱這裡水塘夠多，田溝裡的小蟲、小魚、小蝦牠們就吃不完了，頂多再切一些菜葉給牠們吃，兩三個月就可以賣了。」

阿婷點點頭。

老祖母又說：「前幾天，你阿海舅公還告訴我，農會派人來向他孫子探聽鴨毛的品質呢！」

阿婷說：「眞的嗎？」

福伯說：「鵝毛和鴨毛都有外銷，東南亞那邊很多人要買。咱一直都養正番鴨，品種純正，做鴨賞最讚。昨天我碰到阿菊嬸，她說她女兒的公司要向我訂三百斤鴨肉，做薑母鴨的材料包，聽說要銷到超級市場。」

• 鵝非常愛乾淨，喜歡乾燥的環境，且因羽毛厚，較怕熱。鵝好互鬥，對陌生人或動物常擺出攻擊的姿態。台灣有一隻與狗群共處和諧的「鵝瑞」，已活了三十多歲。

• 正番鴨產自祕魯，爲西班牙人入侵台灣時引進，以黑色最多，其特徵爲面部半裸無毛，有紅色隆起的皮膚，嘴端有粉紅點，腳是黑色的。

•台灣的鴨種中，純種者有菜鴨、正番鴨、北京鴨，其他雜交過的鴨種有土番鴨和改鴨。菜鴨由大陸移民引進，有宜蘭種、大林種和屏東種之分。爲了提高羽毛的價值所繁殖出毛色純白的白色菜鴨，外銷東南亞，是農林廳正式命名（台畜一號）的首例。

•改鴨是公北京鴨與母菜鴨交配的品種；而土番鴨是公正番鴨與母菜鴨交配的品種，均適合食用。

福嫂說：「啊，我想起來了，上星期農會有來問，說要檢驗我們的鴨，如果合格，要收購去做種鴨，跟菜鴨或改鴨交配。」

老祖母說：「咱祖宗八代都養生蛋雞，你阿公的養雞場常常都有外國人來參觀。阿母小時候沒有吃過苦，每天只等著向父母要零用錢買糖果吃，一直到嫁給你阿爸，才知道養雞的辛苦。我和你阿爸還是專養生蛋雞，那時靠政府補助、農會輔導，才建立起規模。你阿爸爲了改良品種，也想加養褐色蛋和蛋肉用雞，就託他朋友請日本人來幫忙……」

福嫂驚訝地說：「日本人那麼會養雞啊！」

福伯說：「其實那時候養雞業正在走上坡，很多人都是一面養一面研究，自己成立改良小組。」

福嫂說：「沒想到阿爸這麼用心，像我阿爸從頭到尾都只養來亨雞一種……」

老祖母說：「來亨雞專門生蛋，養太多，蛋價一跌，就不好賺了。」

福伯說：「而且雞比較容易有雞瘟，台灣的雞幾乎所有的傳染病都得過了。」

老祖母說：「所以那時候如果要大規模養，養鴨的利潤反倒比較高。養雞的人多半是用剩飯、菜葉，零零星星養幾隻自己吃。」

阿婷想了想，忽然說：「阿爸，我們要不要試試看再養一些其他的品種，可以賣給『北平烤鴨店』，聽說銷路不錯。」

「北京鴨啊，要吃飼料，食量又大……」福伯猶疑著。

福嫂說：「不然也有其他改良的品種嘛，像美珠

•雞起源於印度，埃及最早有母雞每天產蛋的紀錄，約在西元前一四〇〇年傳入中國。

•北京鴨原產於大陸，十九世紀被美國引進以後，羽毛育成白色，幾經傳布，成爲世上最普遍的鴨種。北京鴨與菜鴨同種，飼養七週可達三公斤，脂肪肥厚，適合做烤鴨。

•台灣溝渠川圳很多，適於養鴨，而鴨卵孵化三個月後，又可以產卵，經濟收益較其他禽類更大，所以早期養鴨人口最多，且有專業戶，每戶養兩、三百隻，多濱水而居，以蘭陽平原、淡水河邊社子島一帶最盛。

家的那種台畜一號，啊，就是白色的菜鴨啦，又會生蛋，羽毛也有人要買，聽說可以外銷，利潤不錯。」

福伯仍舊囁嚅思索，老祖母說：「福仔，不是阿母愛念，你幾十年都養同一種鴨子不會煩嗎？不會煩也要做改善，不然會被淘汰，知道嗎？你阿爸的事業，你沒有接手不要緊，你阿爸的精神你總要記得……」

福伯低頭說：「是，是……，好啦，阿母，知道了。我明天就去美珠家裡問看看。」

阿婷放下筷子，說：「阿爸、阿母只有我一個女兒怎麼辦？將來我想養火雞吔！」

「火雞？」三個人都嚇一跳。

「對啊，阿爸、阿母，我最喜歡火雞了。我們班上那個阿芳啊，她家就養了三隻。那天，我去她家看，哇，很漂亮呢！」阿婷說得興高采烈，可是大家已經在收拾碗筷，默默離開飯桌。

「你知道火雞怎麼養嗎？」福嫂勉強應了一句。

阿婷立刻又燃起了希望：「很簡單啊，用菜葉、剩飯餵，養在果園、竹林附近就可以啦。」看看仍然沒人搭理，她趕緊又加了一句：「耶誕節可以賣給外國人做火雞大餐啊！」結果還是沒有反應，於是她只好說：「不過如果以後我嫁給開鵝肉亭的，那也沒辦法啦。」

老祖母微笑看著她。

「碗筷去洗一洗！」福嫂說。

福伯搖搖頭，順手拿起掃把漫不經心地掃起來。

夢裡，阿婷穿著大蓬裙，牽著一隻打著黑領結的大火雞，愉快地朝前方走去。走著走著，火雞忽然變成一個熱氣球，飛向天際，咯咯，咯咯……。

•台灣的鵝亦由大陸移民所帶來，由於較不容易飼養且品種不良，養的人不多。民國七十年起，由於鵝肉的美味漸受注意，掀起一陣養鵝熱潮，業者多自外國引進新種，以改良土鵝的肉質。

•火雞是原產於美國的野生禽類，最晚被人馴養。台灣開始飼養火雞，據推測可能是由荷蘭人或西班牙人引進，分爲白色、黑色、灰白色等品種。民國五十二年以後由於品種改良成效不錯，且有專人指導，埔里、彰化二林、嘉義中埔、台南麻豆等地，紛紛投入生產，許多菜農、果農均將火雞放養園中，四、五個月就能成熟上市。

跳躍的音符——鳥類

外國學者在清朝時期，即紛紛投入台灣鳥類的觀察與研究，而台灣人對於鳥類的關愛，卻遲至七〇年代才風氣漸開……。

「賞鳥」，這個名詞十九世紀在台灣並不流行。當時，貧困的台灣人終日埋首工作，很少有閒抬頭仰望天際掠過的飛羽，或上山探訪輕靈的鴻爪。偶爾，茶園裡哥妹對唱，依所見到的鳥作詞傳情；偶爾，原住民行獵幽徑，吱喳的鳥鳴猶如大自然的樂音，在空寂的溪谷中，回響蕩漾。

鳥兒曼妙的姿影，鑲嵌在世界之畫中，鳥兒和人類也都一直生活在同一片土地，各自作息。

西元一八五八年，清朝和英國、法國簽訂的天津條約中規定，廣東、上海、福州、寧波、廈門必須開放通商，因此，外國傳教士、學者、外交人員等，得以進入中國考查，無形中揭開了台灣生物研究的序幕。

西元一八五八年，年僅二十的英國外交人員史溫侯（Robert Swinhoe），坐船抵達竹塹，開始了他首度的「福爾摩沙之旅」。

這位出生於印度加爾各答，會講廣東話的翻譯官，其實兩年前就已到過中國。自然生物是他從小就一直熱愛的，所以一踏上東亞領土，便立即展開搜索，希望能發掘新事物，蒐集新資料。

西元一八六〇年，他的職務終於固定在台灣，這下子，正可以上山下海大採標本，不必爲公事來回奔波了。可惜，他的身體一直不好，被迫放下嗜好，回倫敦休養。

對於鳥類充滿熱情的史溫侯，休養期間仍不忘將在東亞蒐集的結果發表出來。當時，中國與台灣還沒有人專門做鳥類的田野調查，史溫侯所提出的報告令舉世矚目。

•西元一八六二年，史溫侯回英國療養，不久，整理在台灣的研究資料，提出了在台發現的一百八十七種鳥類報告，也列舉了他所觀察到的中國與台灣的四百五十餘種鳥類。

•史溫侯將所有蒐集到的鳥類標本送回英國挪威治博物館，請鳥類專家古德（John Gould）鑑定，古德正在編《亞洲鳥類》這本書，也收錄了台灣一些新發現的品種，並爲其命名，如台灣頭烏線、藍腹鷴。

他觀察鳥類寫的隨筆文字，記錄所見所聞愈益詳細，充分表達了一個外國人在異地的好奇與執著，也留下了珍貴的研究資料，爲後人開了一扇窗。

史溫侯到過高雄（當時叫做「打狗」）、枋寮、蘇澳、基隆、大屯山、北投、淡水、台南、澎湖等地，僱用原住民幫忙，也請了嚮導帶路，協助採集鳥類。

因爲小時候在印度就認得許多鳥類，旅行中發現的品種對史溫侯來說並不陌生。蒐集到的鳥類，他大都製成標本，送回英國請專家鑑定，並做記錄。根據長期的觀察和分析，史溫侯提出了一個重要的心得——台灣的生物與其他東亞國家（如菲律賓、日本、馬來西亞等）關係不大，他認爲，台灣的自然生物有很多可能屬於中國大陸喜瑪拉雅型的品系。

•藍腹鷴是台灣特有種的稀有留鳥，屬於雉科，通常活動於兩千三百公尺以上的高山林間。性情機警、謹愼，築巢亦十分隱密，淸晨或黃昏較有可能看到牠沈靜安詳地漫步林徑。雄鳥身長約七十五公分，高三十公分，羽毛黑亮，臉和腳呈鮮紅色，頭上有白色冠羽，長約四十公分的尾羽是原住民最愛用做裝飾的東西。雌鳥體形比雄鳥小，赤褐色的羽毛布滿土黃斑點。雄鳥一夫多妻，

（接下頁）

另外一個意外的收穫是台灣特有鳥種——藍腹鷴的發現。

史溫侯當時在淡水，目睹比鄰人居的低矮山區，竟走出羽色豔麗、昂首闊步的「林間仙子」，驚詫不已。他甚至用獎金鼓勵原住民捕捉，運回英國繁殖或製成標本，以做進一步的研究。學者專家因此曾以「史溫侯藍雉」爲藍腹鷴命名。

這個時期，美國的海軍上校洛吉斯（John Rodgers）也發表了一篇報告，其中提到的一百六十三種鳥類，有兩種是八年前在台灣沿海蒐集到的。洛吉斯上校早在史溫侯來台前就已著手調查鳥類，或許因爲海軍職務的關係，範圍較偏重北太平洋方面。

另一位美國的鳥類研究學者是密西根大學博物學教授史蒂瑞（Joseph B. Steere）。西元一八七三年他

（接上頁）

在繁殖期間常彼此打鬥，爭取交配權。

•洛吉斯上校所發現的這兩隻鳥，據推測可能是黃鶺鴒和小燕鷗。

•史蒂瑞一八七三年曾於淡水遇見馬偕醫師。

抵達高雄，憑著一手好槍法打獵、採集，甚至還救過被原住民包圍的牧師與領事，十分神勇。史蒂瑞在台灣雖然只旅行了半年，但因無工作牽絆，去過的地方反而比史溫侯更多，收穫更豐碩。

他把採集到的鳥類帶到英國，讓療養中的史溫侯鑑定，其中包括畫眉、粉紅鸚嘴等姿影輕靈的小鳥，以及後來被冠以史蒂瑞之名的台灣特有種：藪鳥（史蒂瑞藪鳥）。史溫侯非常激賞他的成果，曾在著名的鳥類刊物《朱鷺》上推崇引介。

然而，不久以後，史溫侯即病逝倫敦，享年僅四十一。這一年（西元一八七七年），法國自然學家阿蒙·大衛（Pere Armand David）神父出版了極重要的著作《中國的鳥類》，蒐錄了史溫侯發現的所有鳥類，史溫侯對東亞鳥學的研究，也因此有了完整的保存。

江山代有人才出，鳥類研究的序幕既已揭開，不乏好角兒與好舞台。

十六年後，英國又有一位知名的鳥類學家拉圖許（John David Digues La Touche），踏上了高雄的土地。

拉圖許隻身在萬金庄附近森林裡採集生物，與平埔族、排灣族接觸，並僱用嚮導登山。在深山中，他發現了另一個鳥類天堂：白耳畫眉、五色鳥、紅山椒、樹鵲、白尾鴝、紅嘴黑鵯……，在林中穿飛自如，時而可見，這使他獲得一個重大的心得——要調查台灣特有鳥類，非上高山不可，高山才是鳥類生態的寶庫。

英雄所見略同，不久，瑞典的研究者霍斯特（A.

P. Holst）便朝著台灣高山前進了。他是第一位深入海拔兩千公尺高山的採集者，完全貫徹了拉圖許的理念，並且還在阿里山獲得了上帝給予的獎勵——高山特有黃山雀和灰腳秧雞。

到了二十世紀初，延續史溫侯玉山勘查足跡的英國探險家古費洛（Walter Goodfellow），在玉山上有了意外的豐收——台灣特有的十六種鳥類，有六種在他這次的蒐集中被登錄。另外，他還發現了三種特有亞種，補充了史溫侯在低海拔處的貢獻。古費洛在中部山區曾看見大陸鳥種飛越停棲，這也印證了史溫侯所提出的理論——台灣鳥類屬中國大陸喜瑪拉雅型。

繁殖。

然而，古費洛最受矚目的功績卻在於台灣帝雉的

從他的觀察隨筆中，我們發現台灣之行對他而言

•藍腹鷴分布於中低海拔的山區，但帝雉則主要棲息在二、三千公尺的針葉林區，只有深入高山的探險家才有機會發現帝雉，也因此帝雉足足被埋沒了近四十年。但是，古費洛在發現帝雉時卻做了詳盡的記錄，相較之下，當時對藍腹鷴所做的研究，反而不夠全面，資料更少。

竟然是痛苦的，不僅日本人處處限制，使採集受阻，連腳都被陷阱刺傷，實在備極艱辛。但是，有一天他站在岸上看著幫忙搬運行李的原住民工作，忽然靈光一閃——啊，原住民的頭冠上竟插著兩根雉類的羽毛！沒錯，這兩根羽毛後來經鑑定是轟動歐洲的帝雉所有。

古費洛從原住民得知阿里山是高山鳥類的大本營。清晨黃昏，薄暮中矯健的身影，猶如幽谷奇俠般深深攫住了世人的心。古費洛盡其可能地在阿里山耐心守候，搜尋帝雉，帶回英國飼養繁衍，頗有成效，也確立了台灣特有鳥種的重要地位。

那麼，東亞的鳥類，難道就沒有東亞人做調查研究嗎？

西元一八九五年，台灣割讓給日本，爲日本鳥類

•帝雉的習性與外形和藍腹鷴相似，眼眶一圈鮮紅皮膚，襯著黑亮的羽毛，典雅高貴；雌鳥羽毛也是褐色的，負責照顧幼鳥。在寂靜的林間，漫步於霧靄中的帝雉，那黑、白交織的美麗尾羽，令人讚歎。台灣另一種雉類是分布於低地的環頸雉。

•黑田曾在其著作《台灣的鳥界》中，描述他登上阿里山捕獲帝雉的經驗，他也發現了多種新鳥類。

學家開闢了一個探查的新領域。

一批批日本研究鳥類的專家學者來到台灣，帶回大批的活體或標本，研究報告也一篇篇出爐，鳥界熱絡的盛況，較過去的零星孤單，眞是不可同日而語。

日本人經營事業的態度與精神一向令人歎服，研究者對台灣鳥類幾乎都做了長期持續的投入。西元一八九七年來台的多田綱輔，堪稱早期之代表。

多田綱輔的行程偏向東北海岸，他也是第一個到蘭嶼探勘的鳥類專家。西元一九一〇年以後，內田清之助和黑田長禮陸續來台，奠定了台灣鳥類研究的基礎。在這之前，日本人的調查研究成果並不及拉圖許和古費洛，但隨著經驗的累積和資料日豐，逐漸有了較顯著的成就。菊池米太郎、蜂須賀正、鹿野忠雄、山階芳磨等人對於蘭嶼、綠島鳥類的調查尤其重視，也發現了許多新鳥種。

遺憾的是，外國學者紛紛肯定台灣鳥類與大陸鳥類甚具關聯性，但歷史戰亂卻使彼岸對台灣鳥類的研究幾乎交了白卷。而台灣人對鳥類的關愛和觀察，卻遲至七〇年代才在外籍學者、研究生的帶動下，風氣漸開。其中，東海大學扮演了重要的角色。

西元一九七三年，台北鳥會成立，各地區紛紛跟進，掀起一股賞鳥熱潮，而環保意識結合賞鳥活動，無形中使人與自然又靠近了一步。業餘愛好者在專家帶領下，走出了鳥類研究狹隘的蒐求路，邁向最自然眞切的新天地。

相不相信，三〇年代的白鷺鷥，經常優閒地站在田埂上，看著農人汗滴禾下土？

相不相信，九〇年代的電線桿上，麻雀們嘻哈笑

•鹿野忠雄曾七次上雪山觀察高山鳥類的生活與生態，也在都蘭山觀察了二十二種鳥類。由於東部較少學者探查，所以意義重大。

談彎腰曲腿、頭靠在望遠鏡上的賞鳥者？
台灣還有許多鳥類等我們去欣賞、發掘！

花間仙子——蝴蝶

台灣早期曾擁有三百七十餘種蝴蝶，涵蓋世界上十二科蝶類中的十一種，小小的福爾摩沙，美麗的寶島，蝶影蹁躚，彷彿蓬萊仙境。

•鳳蝶的卵通常呈黃色或褐色的圓球狀；粉蝶的卵呈砲彈狀，上面有條紋；斑蝶的卵呈饅頭狀，也有明顯條紋；小灰蝶的卵呈灰白色圓形，上面有刻痕。

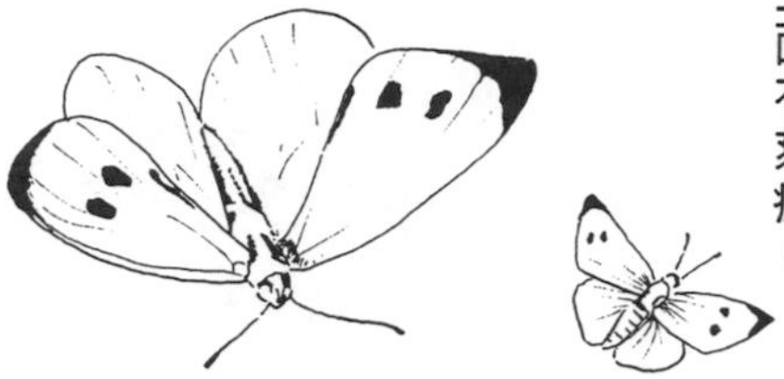

相不相信？在家裡的庭院、陽台，在公園、校園，你一定看過紋白蝶和小灰蝶；在市郊的小丘陵或森林遊樂區、名山勝景，你也可能曾與曙鳳蝶、黃裳鳳蝶擦身而過，驚呼，讚歎。

就自然保育的觀點來看，一個地方的螢火蟲和蝴蝶的數量足以反映這個地方環境、生態的好壞。台灣早期曾擁有三百七十餘種蝴蝶，而且涵蓋世界上十二科蝶類中的十一種，小小的福爾摩沙，美麗的寶島，蝶影蹁躚，彷彿蓬萊仙境。

蝴蝶，這大自然的舞者和任何一種昆蟲一樣，生命雖短，但繁衍迅速，若非環境巨變或橫遭濫捕，牠們自有生存之道。一對蝴蝶在絕對安全的狀態下，可以繁衍百萬隻後代，卻只有兩、三隻能存活下來，然而造物主所賦予的奇妙外貌和所制定的平衡法則，使

• 有些植物本身具有奇妙的化學成分，會發出微波訊號吸引幼蟲來吃；有些則相反，發出驅除的訊號、味道，甚至毒素，令幼蟲退避三舍。

• 寄生蜂種類很多，有的寄生在蝴蝶卵內，有的以銳利的產卵管穿透幼蟲表皮，將卵產於幼蟲體內，蜂幼蟲吸食蝶幼蟲的器官、養分、組織，直到蝶幼蟲被榨乾爲止。另外，寄生在蝴蝶幼蟲身上的還有寄生蠅類。

牠們依舊能夠生生不息，翩翩飛舞。

蝴蝶的一生可以分爲卵、幼蟲、蛹和成蟲四個階段，每個階段的面目完全不同，可以說是眞正的「變態」。從卵到成蟲，依氣溫的高低，所需的時間也不同。熱帶地區約需三週，溫帶地區約需八週，溼寒地區甚至需要長達一年的時間，才能羽化完成。有些地方的蝴蝶不耐酷暑，會以「夏眠」來適應環境，而有些地方的蝴蝶則難耐冰冷，所以必須「冬眠」。

雌蝶通常選擇自己喜歡的植物作爲產卵的地點，卵上有黏液，可以將卵固定在葉片上，不致被風吹落，而且爲防日曬雨淋，或成了別人的點心，蝴蝶媽媽都將卵產在葉片背面，很聰明吧！別看蝴蝶的卵只有那麼一丁點兒大，裡頭一樣有蛋白、蛋黃，會慢慢發育成幼蟲呢！而幼蟲孵出來以後，所吃的第一頓大

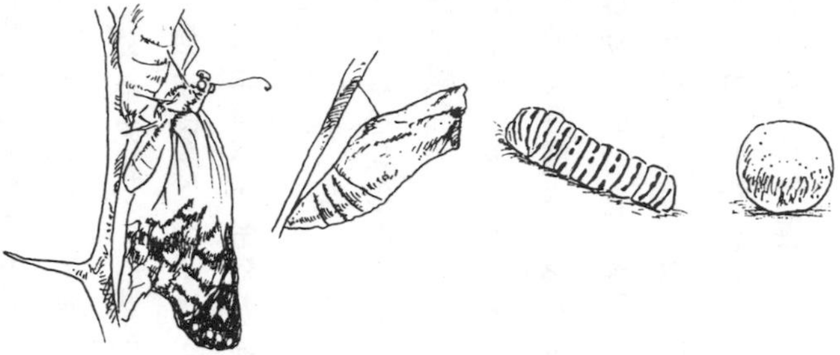

餐，便是營養的卵殼。

蝴蝶的幼蟲大都肥肥軟軟，表皮光滑，頭部兩側各有六個單眼，只能模模糊糊地感覺光線，而須靠嗅覺和觸覺來了解環境。

幼蟲生活的主要內容幾乎只有一個字——吃，「給我花、葉，其餘免談！」挑剔得很。但有些小灰蝶生來就有「富貴命」，願意被螞蟻抬回窩裡，讓螞蟻來供膳宿，高枕無憂，而牠只要常常分泌些蜜露，給螞蟻嘗點甜頭就行了。

然而也有一些幼蟲的命運是很悲哀的，牠們生來肥嫩多汁，鳥兒愛吃，更慘的是，蜂類和蠅類常常寄生在牠們身上，吸食牠們體內的營養，讓牠們的器官日漸損壞，卻又無力抵抗，最後根本活不下去。

大部分的幼蟲都只能利用外表的偽裝，來尋求自保。有的幼蟲長得像個插滿了細針的針包；有的幼蟲身上的圖案像圓睜的大眼；有的幼蟲昂起頭來，翠綠一張臉，簡直像條小青蛇；另一些幼蟲則自有拒敵法寶，有的吃毒性植物，讓吃牠的動物嘴歪眼斜，以後不敢再「上當」，有的幼蟲頭上長有「臭角」，會發出各種怪味來驅走敵人（例如鳳蝶）。

幼蟲的皮肉鬆軟有空隙，所以會隨著身體的發育蛻皮。蝴蝶在幼蟲時期差不多要蛻皮四、五次，成長到一個固定的階段以後，開始吐絲。絲，其實是黏黏的唾液，遇到空氣會硬化，在用力蛻皮的時候，可以固定身體，而在蛹的時期，更有防護功效，可以避免風雨襲擊。

當幼蟲身體各方面夠成熟後，牠會找一個隱密的地點，痛快地上一次廁所，蛻最後一次皮，露出裡面的蛹。蛹不吃不喝不拉，只靠氣孔呼吸，靜靜等待羽化而飛。

蛹通常是綠色或褐色，因此大都僞裝成葉芽或樹枝，甚至鳥糞，而斑蝶類的蛹像發亮的銅鐵片，使敵人一看以爲不能吃，掉頭就走。另外，有些小灰蝶乾脆在土裡化蛹，減少被發現的機會。

器官都成熟齊備以後，蛹殼裂開，蝴蝶的腳和觸鬚露出來，身子微微掙了掙，伸出皺縮溼軟的翅膀，這時的牠頭暈眼花，得快找個地方「倒立」一下，讓血液循環順暢，翅膀也得努力平伸一陣，讓風吹乾，然後痛快拉光在蛹階段積存的廢物，休息休息，再神清氣爽地迎接嶄新的開始。

第一餐吃什麼呢？

• 玉帶鳳蝶的幼蟲最喜歡「番仔香草」，滿州鄉到社頂公園林間處處可見玉帶鳳蝶飛舞。冇骨消則是曙鳳蝶喜歡的植物。台灣有七種鳳蝶以馬兜鈴爲食：黃裳鳳蝶、大紅紋鳳蝶、曙鳳蝶、珠光黃裳鳳蝶、紅紋鳳蝶、台灣麝香鳳蝶和麝香鳳蝶。

蝴蝶主要的食物是花蜜。牠的嘴像一根細長的吸管，不用時捲縮在頭部下方，用時則快速「充氣」，向外刺出去，吸。這種沒有牙齒可以咀嚼撕咬的嘴，喉嚨就像幫浦機一樣有力。蝴蝶不挑嘴，吸食樹汁、蜜露，甚至肉湯、溫泉、糞尿、血液、酒等任何你想得到的液體。

蝴蝶的頭部呈球囊狀，觸角除了可以幫助平衡之外，還可以聞東西；半球形的複眼，就像在電視牆上看東西，由很多小影像拼湊出來，看到的顏色可能也跟人看到的不一樣。前腳有味覺器官，可以品嘗東西。

蝴蝶的翅膀上有灰塵般細小的鱗片，掉下來像花粉，是構成斑紋和顏色的主要成分，雄蝶的鱗片裡還含有刺激腺體，飛動時，會散發香味，吸引異性；而

•蝴蝶的天敵有：鳥類、爬蟲類、蜘蛛、哺乳類、螳螂、蜻蜓、虎頭蜂等。

雌蝶在背部也有同樣的腺體，但不像雄蝶那樣能「香傳千里」。

因爲鼻子不明顯，蝴蝶主要靠骨骼中的九對氣孔呼吸，飛行時，空氣由氣孔壓進氣管裡，隨血液循環全身。

而成蝶要躲避天敵的追捕，仍免不了靠僞裝這項「天賦」。造物主的巧手爲蝶兒妝點了各式各樣的花紋，讓牠們和人玩捉迷藏。有些蝴蝶翅膀如斑剝木屑；有些如猙獰大眼；有些狀似枯枝老葉，該有的黴點、腐塊，「班班可考」，歷歷如繪。翅膀上變化萬千，分散敵人的注意力，脆弱的身體才不致被攻擊，這正是大自然的奧妙啊！而專吃樟樹的青斑鳳蝶、黃星鳳蝶等，會發出樟腦味，嚇退敵人；專吃馬兜鈴的鳳蝶，也會發出辛辣的草藥味（有些蝴蝶本身具有毒性），即使難逃一劫，仍能讓捕食者「心有餘悸」，間接地保護了自己的後代，生態也因此不致被破壞。

馬兜鈴曾是鳳蝶們的主食，有段時間因爲牛、羊也搶吃亂啃，不知不覺，使牠們走上了絕路。而日本人爲了製造槍托，曾在美濃山區大肆種植鐵刀木，鐵刀木正是淡黃蝶類幼蟲的最愛，沒想到竟陰錯陽差地創造出一個黃蝶翠谷，萬蝶齊飛，煞是壯觀。

鐵刀木、淡黃蝶循環下去的結果，食物不夠分配，再碰上雌、雄蝶數量不均，蝴蝶的生態就整個被破壞了。面對繽紛舞影，人類怎能不覬覦？捕蝶人甚至只要在山谷底下的「風口」處佇立，一張網就能大有斬獲。成千上百的蝶兒隨著山中氣流順勢而下，衝進網中，最後黏在紙板、金屬上，飄洋過海地進了外國人家門。鐵刀木使黃蝶翠谷成了搖錢樹，但人們忘

•斑蝶科的蝴蝶有些以夾竹桃爲食，且體內又含有毒素，而斑斕的色彩就是一種警告；黑點大白斑蝶的幼蟲黑、白相間並有紅斑點；樺斑蝶的幼蟲亦是黑、白、黃相間，都具有嚇阻敵人的作用。

•中橫公路上，每年秋天都可見高山特有保育種——曙鳳蝶繽紛飛舞，採食冇骨消花蜜，但也常見被車輛輾斃的蝶屍。自西元一九三七年日本人發現大紋白蝶以後，粉蝶科的新種就再也沒有被發現。一九九八年十一月，台灣兩位學者陳常卿、周文一，在南部山中終於發現了新種，命名爲截脈絹粉蝶。牠有一對罕見的紅眼睛，翅翼薄柔如絲絹。

了，沒有任何一種族群的繁衍禁得起無休止的濫殺。

政府明令保護瀕臨絕種的蝴蝶以後，各國家公園紛紛規畫了保護區，而隨著環保意識的推動，不少人也在自家陽台種菜、種花，樂做「城市養蝶人」，但專家仍發現鳳蝶有大量遷徙的現象，成因尚待研究。

或許，冥冥中蝴蝶還想教我們些什麼吧！

忠實的夥伴——土狗

民國六十九年，日本人曾到台灣尋找祖先的血緣，認為狗是人類的夥伴，找到與日本犬血緣相近的土狗，就可以確定祖先的足跡。

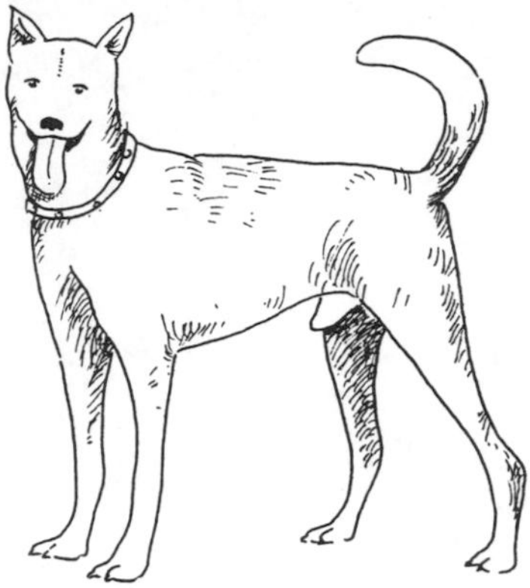

「一，二，三，跳！」

「一，二，三，跳！」

橡皮筋結成的繩子甩在地上，發出清脆的聲音。

男孩笨拙地被絆了一下，跌坐在地，站在兩側牽繩的女孩笑彎了腰。

日暮低垂，一點風吹草動，村裡的狗兒此起彼落地吠著。

「小黑——」最小的女孩四處張望了一會兒，開始叫喚她家的狗。

不知從哪裡飄來一絲菸味。

「小黑——」她又更用力地叫了一聲。

天黑了。

草叢裡，蟲聲唧唧。

「阿梅，回去吃飯嘍，明天再玩。」男孩說完就先走了。

「阿梅，記得收橡皮筋喔！明天找小芳一起來跳，拜拜！」女孩回頭喊了喊，也走了。

阿梅蹲在地上發了一會兒呆，把橡皮筋整理好，正要回家，忽然一陣黑旋風揚塵而來，犬爪狂奔，猛然嚇了她一大跳。

路燈下，小黑耷拉著舌頭，喘個不停，烏亮的毛，炯炯的眼，森森的牙，尾巴還不忘甩兩下。

「小黑，你去哪裡玩啦？」阿梅摸了摸牠的頭，剛要走，小黑立刻就在她腳邊躺下了。雪白的肚腹，在地上滾了又滾，阿梅只好再摸摸牠：「走啦，別三八了，回家吃飯啦！」

這時候，村裡的狗不約而同地吠了起來，不遠處傳來喊喳講話的人聲。

•翻開台灣歷史，大陸漢族移民、荷蘭人、西班牙人、日本人等，均曾在台灣停留過一段時間，甚至永久居住下來，而與這些民族相隨的狗，很可能與台灣土狗雜交過，因此，要找尋眞正純種的台灣土狗眞是非常困難的事。

「小妹妹！」阿梅走了幾步，聽見有人喊她。回頭一看，是個微禿的中年男子，身旁還跟著兩個衣著輕便的大哥哥。

「小妹妹，」中年男子見阿梅本能地向後退卻，和藹地笑了笑：「不要怕，不要怕。」那兩個大哥哥也向她友善地點了點頭，然後一言不發地蹲下來逗小黑。

說也奇怪，小黑先是齜牙咧嘴，警戒性地咆哮了兩聲，但仔細凝視三人一會兒之後，便坐下來，溫順地讓大哥哥撫摸。

「我們是從台北來的，小妹妹，我們不是壞人，你不用害怕。我們想研究你們這裡的狗……，爸爸、媽媽在家嗎？」中年男子說。

膽怯的阿梅不知道該怎麼回答，只知道壞人通常都裝成好人，而好人本來看起來就像好人，更重要的是，小黑似乎沒有表示什麼意見。

「阿梅——吃飯了！」一聽是媽媽在喊她，阿梅掉頭就走，小黑也立刻跟上，不由分說地，一行人就這麼到了阿梅家門口。

「先生，太太，打擾你們了……」男子誠懇地說，「是這樣子的，我們從台北來，這兩位是日本人，是研究血液、遺傳方面的專家……」包括倚坐桌前的老阿嬤都詫異地看著他，不知道這個人到底想幹什麼。兩個日本學者有點不安地搓著手，微微曲身低頭。

「阿明、阿美，叫他們進來坐啦！」老阿嬤打破尷尬客氣地向衆人頷首，她想，這次來的是黑頭髮的，應該不是要來講耶穌的才對，一口閃亮的金牙，使日本人臉上的緊張線條明顯地鬆弛不少。

「阿嬤，你好！眞多謝，」中年男子改以不甚流利的台語繼續說：「是這樣的，日本政府想研究自己的祖先到底來自哪裡，究竟有哪些血源，所以派血液生化遺傳學會的一些學者，分別到韓國、台灣來找資料和線索……」

「我們這裡哪有什麼線索！」阿梅的爸爸阿明不太友善地說。

「爸，他們說要研究小黑哩！」阿梅吶吶地說。

「噢，是的，」中年男子笑了，「這兩位專家認爲，狗從遠古時代就是人類的好朋友，人不管搬到哪裡，都會帶狗一起去……」其中一個日本人忽然嘰哩呱啦插了嘴，雙頰因激動而泛紅，到現在還沒有被拒絕，他的眼中流露難掩的期待。男子一面點頭，一面打斷他，繼續說道：「所以，只要能在別的地方找到和日本土狗——好比秋田犬、柴犬、北海道犬，還有四國犬，同樣血統的狗，日本人就可以推測他們祖先的來源了。如果能確定台灣土狗的血液和日本土狗同源，那就有可能日本人的祖先住過台灣喔！」

「啊，這樣啊。」阿梅的媽媽鬆了一口氣說。

「坐啦！」阿嬤拉了張長板凳，招呼客人，她聽不懂那番冗長的解說，只覺得不該怠慢了他們。

窗口不知道什麼時候塞了幾顆頭，門縫裡也有好幾雙眼睛在偷看。

「那就是說，要幫我們小黑做檢查了？」阿梅的爸爸說。

「對對對，」男子欣慰地點點頭，「他們是想多蒐集一些血液拿回日本化驗啦。那我本人在大學教

・洋犬登陸，台灣犬血統混雜的危機於焉產生，其中較明顯的交配洋種有：德國狼犬、秋田犬、拳師犬、杜賓犬，雖體形相近，但繁衍出來的後代，在外貌上、個性上等，仍有差異。

書，這次被派來做翻譯，帶他們到處拜訪……我們開始是在市街巷弄裡找啦，可是都不是純的土狗咧……已經找了兩個多月。」

阿梅的媽媽端上一大碗四神湯，日本人靦覥地側身讓了讓，始終拘謹地沒有動筷子。

「我們家也有狗！」剛剛和阿梅跳橡皮筋的男孩忽然大聲說。

阿梅瞪了他一眼，老阿嬤向聞風擠在門檻看熱鬧的大人、小孩揮揮手，說：「要給狗仔做健康檢查啦，免錢哩，去，去，帶你家的狗仔來！」

眾人一哄而散。

「阿梅，去叫小黑過來。」阿梅的爸爸說。

小黑在後巷上廁所，看見阿梅，立刻搖搖尾巴。阿梅摸摸牠的頭說：「肚子餓了吧？小黑。」不知道日本人會不會傷害小黑，阿梅心裡一陣陣緊張起來。

「小黑，過來，乖！乖！」中年男子蹲下，向小黑招招手。

日本人開始從包包裡掏出器械，小黑出奇地安靜，並不掙扎反抗。

一會兒，鄰居小孩也都帶了狗過來，以爲是獸醫下鄉義診，黑的、黃的、白的、花的，涵蓋老中青三代，個個眼中充滿期待。

「唉，眞正的台灣土狗不多，恐怕還得再到偏遠地區去找。」中年男子看著狗兒們說。

「叔叔，小黑不是啊？」阿梅問。

「不敢說。但應該是有土狗的血統沒錯。你看，小黑有百步蛇頭、蝙蝠耳、三角眼、狐狸臉、竹筒鼻、舌頭有黑斑、腰很細、尾巴形狀像鐮刀……」

•狗是原住民經常帶去狩獵的幫手，居住於高山的原住民較少與外地接觸，是純種土狗早期最大的聚集區。

阿梅的爸爸指著桂花嬸懷裡的小狗說：「啊，你這隻絕對不是土狗啦！」

桂花嬸理直氣壯地說：「奇怪，我們小白沒見過日本人，我帶牠來看看不行啊！」

中年男子翻譯給日本人聽，日本人一面記錄觀察結果，一面斯文地笑著，似乎充分感受了這小村的純樸。

阿梅的爸爸回頭問阿嬤：「阿母，咱世代都有養狗，對不對？」

阿嬤說：「是啊！從你阿祖他阿公就一直有養，山地人要有狗才能打獵啊！狗仔上山，一聞就知哪裡有鹿，哪裡有飛鼠、野豬，沒狗不行啦……」

中年男子點頭附和：「後來，大陸的移民也帶著狗一起過來，荷蘭人占領台灣時，也引進自己的犬種

•據調查，西元一九七九年時，純種台灣犬數量約僅在十隻以下，較純種的也在三百隻以內。國人恍然察知其國寶地位之後，近年才開始了復育保護的工作，但爲了維持犬隻的野性，仍以深山培育爲主。

……當然，日本也一樣。所以交配來交配去，台灣狗的血統就變得很雜了。難怪要找純種台灣犬這麼難。看樣子，台灣土狗眞的要變成國寶嘍！」

「唉，眞是想都沒想到。」阿梅的爸爸說。

「阿梅，你站在那裡幹什麼，還不快去弄給小黑吃！」阿嬤說。

目送著一行人離去，阿梅忽然有一種暖暖的感覺。

昔日盛行的養殖

純樸的台灣農村，曾有幾樣頗具特色的養殖：賽筊鴿、桑蠶、蜂群，牠們是許多人生命中美好的付出，也為台灣史寫下了情味濃厚的一頁。

每年春末夏初，嘉南平原總會舉辦一項熱鬧特殊的民俗活動——賽等鴿。

這項民間盛事已沿襲百年，和「鬥蟋蟀」、「鬥鵪鶉」等，同樣都是農閒時期的娛樂，只不過它純屬休閒、聯誼，不涉簽賭，所以更能傳之久遠，備受歡迎。早期熱情的「鴿友」不辭辛勞自各地湧來觀戰加油，盛況空前，其中以台南的學甲、麻豆、鹽水三鎮最受矚目。

賽等鴿不同於一般的賽鴿，鴿子不需飛行百里，只是折返兩村的短距；鴿子也不需高貴的品種，只是菜鴿便行；這個比賽沒有突顯個人榮耀的獎牌、獎金，完全是代表村里的團隊競技，勝負也沒什麼了不起，輸的頂多擺一桌請客，「明年再來」而已。

短距飛行對鴿子來說小事一樁，但加上「等」就不一樣了，不但考驗體力、耐力，還考驗團隊精神。每年一次，全村的男女老幼搖旗吶喊，氣氛激昂緊張，有時一賽得賽個把月。鴿子們每天來來回回被帶到別的村子，再背上筝兒飛回自己村子，分組捉對廝殺，萬一鴿子體力不支，半途降落，就被判出局，且歸對方所有。

爲了爭取村里榮譽，菜鴿出生一個月就開始背筝訓練了，因爲體力好的鴿子可以負擔隊友的賽程，有時漫長的比賽背筝次數上百，非得要有良好的體能才能應付。

筝鴿之爭是台灣特有的鄉村野趣，餵養鴿兒的農民傳遞的是鼓舞的眼神，而不是貪念利慾。個人小我飼鴿所花的心血，全爲成就大我之光，而沒有複雜的企圖，是一種純粹競技的生活遊藝，且融合著村里的

•賽筝鴿的緣起今已難考，但這項祖先傳下的民俗競技曾盛極一時，北部有淡水、貢寮、新竹、桃園、後龍等地；中南部則有鹿港、彰化、民雄、七股、旗山、枋寮、溪口、岡山等地。

感情。

嗡嗡的箏聲此起彼落，一回合一回合的賽程緊湊地進行，鴿子們似乎是爲這樣一種民俗而活，彷彿祖先所賜下的和平天使，冥冥中牽引著世代間的薪火。「總要有件什麼事讓所有人能凝聚在一起吧！」或許這就是老祖宗的智慧。

台灣人很早就知道蜂蜜是富含維他命、促進新陳代謝的健康食品，而蜂王乳能抗癌、防衰老，蜂膠更能增強免疫力。

以往蜂農只知道將蜂箱放在果園裡，便可以定期採收蜜漿，但果樹開花期有限，所以蜂蜜產量並不多。後來，勤奮的蜂農想到，何不帶著蜂箱坐上卡車「逐花而居」，從此蜂蜜的產量便日益增加了。

•箏鴿所背的紅箏，甚費手工，製箏師日漸凋零，且隨著賽風漸息，已幾乎後繼無人，較著名的只有鹽水的郭明達和沈四爲。小小一個箏僅重約數兩，但製作起來卻要近半天，每個價格自七百至一千元不等。

．除了多蜜的花，甘蔗頭、茶花也是蜜蜂群集的地方。

台灣適合釀蜜的花有二十餘種，由南部到北部依序開花，蜂農載運一箱一箱的蜜蜂，一站一站停靠，接受奔波而得的甘醴。

高雄岡山養蜂人很多，因爲那裡是全省最大的龍眼產地。龍眼、荔枝等夏季水果所釀出來的花蜜芳香可口，所以在中南部產地養蜂眞是得天獨厚。而且，因爲蜜蜂採花傳粉，做花的媒人，更能提高水果的產量，「逐花而居」的蜂農甚受果農歡迎，可是若蜂農群集，蜂箱遍地，每人能分到的蜜量就有限了。

蜜蜂是一種擁有分工組織的社會性昆蟲，一個蜂群只能有一隻女王蜂，多了就得分出去另立門戶。女王蜂專門負責交配產卵，孵出來的雌蜂負責採花釀蜜（即工蜂），雄蜂則只在繁殖期與女王蜂交配，其餘無事。

・蜂農在蜜蜂採完蜜，用蜂蠟封箱後，將蜜框由巢箱中提出來，再將蜜蜂抖落，切開蜜蓋，放進分離器中，就可以濾出純正的蜂蜜了。

女王蜂可以活五、六年，一年有八、九個月都在產卵，而工蜂的壽命只有一個半月左右，且從卵殼飛出的第一天開始，終日早出晚歸，不停地訪花，直到氣竭衰亡爲止。

通常，牠們會先分辨哪種花甜美，然後飛進花中，吸食花蜜，腳順便沾取雄蕊上的花粉，然後飛回巢箱，以不同的舞姿，傳達採蜜的消息（例如花朵距此遠或近、此行有無收穫……）。休息之前，還必須以身體的熱度配合翅膀搧風，使腹中蜜囊能充分分泌出蜜汁來，然後以蜜蠟封蓋。此外，工蜂的咽喉還能分泌一種乳白汁液，貯藏於巢中，供女王蜂和幼蟲食用（即蜂王乳），而雄蜂和快成蜂的幼蟲則吃蜜與花粉的混合物爲生。

工蜂爲不斷繁殖而採花釀蜜，終生辛勞，然而人類也想分一杯羹，付出的代價只是幫牠們準備「公寓」，帶牠們到花多的地方，不知這算不算是一種「互動」、「互惠」？人類喜歡蜂蜜，蜂兒對這樣的待遇，不知滿不滿意？

相信大部分的小朋友都養過蠶。

五、六〇年代的台灣，一塊錢十片桑葉，兩毛錢一「仙」，安安靜靜的蠶，沒有味道的蠶，不會咬人的蠶，尤其還具生態觀察的價值，直到今天仍是小學教材。

日治時代主要的外銷成品是絲綢、紡織，所以當時台灣養蠶業十分興盛。

養蠶最不可少的是桑葉，因此桑農的角色非常重要。桑樹有許多品種，從稚蠶、壯蠶到春蠶、秋蠶

•台灣早期養蠶業興盛，每年從二月下旬至十二月，可飼四至八次，春蠶的繭品質最優，秋蠶次之。

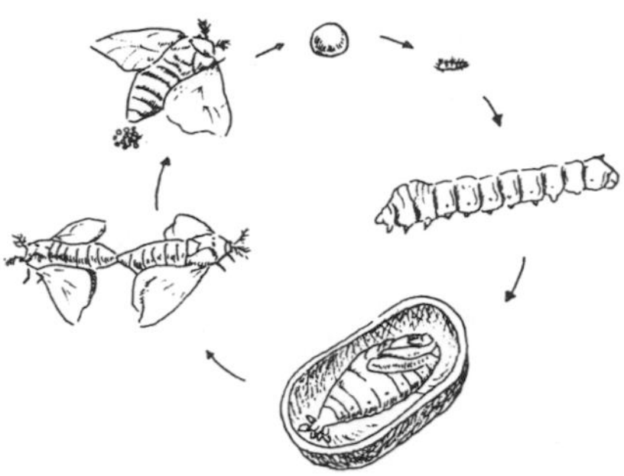

•台東早期曾有過一段蠶業興盛期，但很快就衰退了，而屏東的氣候溫和溼潤，種桑養蠶的人頗多，桑園中常夾雜著種檳榔。

等，什麼蠶吃什麼葉，都有講究。

待肥大的蠶漸呈淡黃，食量銳減，頭開始向上昂，就可以慢慢將其一一移至「簇」中，使其易於吐絲結繭。兩天以後，繭結好了，再等兩天，繭中的蠶體變成褐色的硬蛹，就可以收成了。

工業社會機器取代手工，蠶絲受到尼龍、纖維的排擠，外銷市場逐漸萎縮。日本不再需要向台灣進口蠶繭，養蠶業自然蕭條，而近年來由於利潤太少，連桑農都不願植桑了。

蠶絲其實是非常精美耐用的紡織品，時代一直在變，人類對於物質的要求和評量也不可能永遠相同，誰又敢保證蠶絲眞的禁不起文明巨輪的壓輾呢？

動物的天堂

台灣原是一塊豐腴的沃土、動物的天堂，山羊、山羌、麝香貓、白鼻心等動物，自然快樂的徜徉山林。

•長鬃山羊有一身棕褐色的長毛，但沒有山羊鬍子，是台灣唯一的野生「牛科動物」。

十幾年前，我曾在蘭嶼看到陡峭的岩壁上，高踞著成群的山羊。牠們顧盼自如，遠遠地瞅著下面大驚小怪的人類，彷彿是另一個世界的生物。那一刻，我忽然覺得，如果時空返回上古，說不定大家會把這些羊兒當成神祇來膜拜呢！

的確，人類對大自然愈不了解，愈容易產生奇異的想像。其實，台灣山羊原本就生長在海拔一千公尺的山嶺，攀岩、飛躍是拿手的本事，這也是牠躲避天敵追擊的主要方法。爲了在岩壁石縫間平穩地行走，山羊的蹄尖粗鈍，且有腺體能分泌黏液，使牠們不易滑倒。

台灣長鬃山羊無論雌、雄都長著一對後彎的角（這一點和鹿不一樣，鹿只有雄鹿才有角），眼睛下方有一個小孔（稱爲眶下腺），將裡面分泌出來的東

•一般山羌的體重多在六、七公斤之間，雄山羌有一對小小的角，犬齒發達，雌山（接下頁）

西塗在樹幹或石塊上，藉以宣示地盤。

其他鹿科動物也都有蹄腺和眶下腺，而體形較大的水鹿眶下腺特別發達，開的孔也特別大，裡面的分泌物甚至會凝結成硬塊。

鹿科動物中，山羌的體形算是最矮小的了。牠除了眶下腺，還有額腺；除了將這些腺體的分泌物抹在地上，還會撒泡尿加強氣味的散布。

因爲身材矮小，所以山羌吃的大都是低垂的嫩葉，而且往往啃光葉片，留下禿禿的枝條。

鹿科動物大都會發出嘶吼、噴氣聲，但是山羌發出的卻是狗一般的吠叫聲，若是兩隻雄羌相遇，發出的聲音更是尖銳淒厲，而且持續很久。

提到用腺體的分泌物畫分領域，還有一種較特別的動物——麝香貓。牠靠近肛門的「麝香腺」會分泌

（接上頁）
羌沒有角，額頭微微凸起。
山羌寶寶身上有像梅花鹿一樣的斑點。
•麝香貓屬於狸科，特徵介於貂和貓之間，黃褐色的毛上布滿黑斑點。

油性液體，和羊、鹿不同的是，這種液體所散發的麝香味，連人都聞得到。

麝香貓除了魚以外，鳥、蟲、蛙、鼠、蛇、蜥蜴、果、葉都吃，牠的腳掌細小，沒有可以收放的指爪，不方便爬樹。

同屬靈貓科（狸科）的白鼻心，算是台灣較常見的野生動物，如今在山區的路口、夜市，甚至週末的市區街道轉角，都有人用貓狗籠子裝著來賣，一隻隻模樣討喜可愛的小白鼻心，竟被當做寵物，等待小孩的青睞，原來早有人看準山產店、飼養者的好奇與需求而大量繁殖。

白鼻心以其鼻梁的一道白紋線得名，牠有伸縮自如的指爪，是攀爬高手，手腳並用，一勾一扯，就可輕鬆採果，所以又被叫做果子狸。可是牠吃果子多半只啃一個口，然後用力吸汁，吸完就丟，非常浪費。除了水果，蟲、鼠牠也喜歡，屬於雜食性動物。

白鼻心非常具有家族觀念，通常都是全家一起生活，牠們用香腺在凸石或樹幹留下味道，是爲了告訴家人自己的行蹤。特別的是，對付敵人，牠們另有肛門腺，可以在緊急的時候放出臭氣。也有人稱牠們爲「烏腳香」，因爲牠們的腳底也有腺體；即使夜行，也能立刻讓親友知道牠所在的位置。

同屬靈貓科的食蟹獴，又叫「棕簑貓」，因爲牠全耳披著粗長的灰褐雜毛，像穿著簑衣一樣。也有人將牠歸到獴科動物，牠除了吃蛇，特別愛蝸牛、蟹、蝦等帶殼動物。不管是夾人的或纏人的，牠都有一套矯健的方法，敲碎、嚼碎、剝皮、去殼……見招拆招，十分俐落。

•白鼻心是夜行性動物，體形似水獺，靈貓科動物，分布於海拔一千公尺以下的山林間。

食蟹獴雖然對於蟾蜍、毒蛇等爬蟲也照吃不誤，但在台灣，毒蛇避居山野草莽，聞聲先逃，牠多半只能吃到魚蝦貝類，沒有印度獴有那麼多蛇可享用，或許因此蝦蟹才成爲牠的最愛吧！

台灣的蛇類約有六十種，三分之一有毒。較常見的則只有錦蛇、蝮蛇、青竹絲、臭青母、龜殼花、雨傘節等。並不是所有毒蛇頭部都是呈三角形的，有些頭部呈橢圓形的蛇也含有劇毒。但毒性最強的百步蛇，頭部明顯呈三角形，全身有黃、綠交錯的三角斑紋，曾被排灣族尊爲神祉。

和蛇一樣給人嫌惡恐怖感的，要算蝙蝠了。我念國中時，曾在走廊牆上掛的標語木板後面，赫然發現有蝙蝠藏在壁縫間，而夏天黃昏漫步巷中，也能不經意看見蝙蝠在電線桿附近飛舞盤旋。

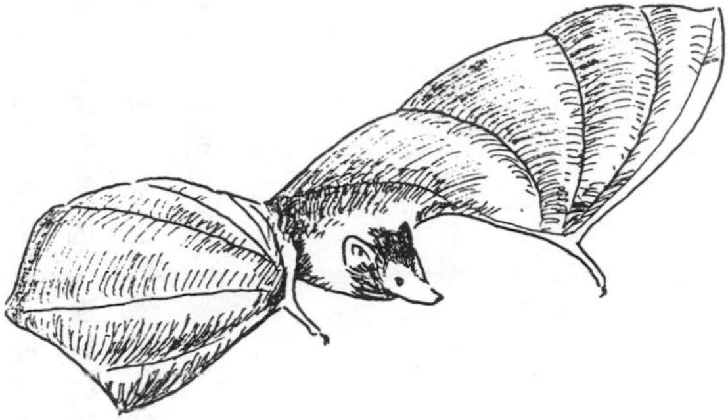

蝙蝠是唯一能飛翔（非滑翔）的哺乳類，因為牠的長相實在猙獰怪異，且是夜行動物，台灣人叫牠「夜婆」。牠沒有羽毛，但靠兩側薄薄的翼膜卻能飛得又高又穩，而口鼻發出的超音波，能準確探知與其他物體的距離，使細小的眼睛如虎添翼。靠著這個聲納系統，牠們就算沒有很好的視力，也不會撞到東西。

說到長相怪異，海拔兩千公尺的山區有一種「山椒魚」，是冰河時期留存在台灣的水陸兩棲脊椎動物。全身暗褐有斑點，表皮黏滑，以四肢爬行，小時用鰓呼吸，長大用肺呼吸，產卵於岸邊石縫，已經瀕臨絕種。

而國寶魚櫻花鉤吻鮭，在日治時代被原住民發現，這種寒帶魚也是冰河時期所遺留下來的生物。台灣地處亞熱帶，只有大甲溪上游、雪霸國家公園的七家灣溪和其他山區的水庫等高冷地帶才有牠的蹤影。令人欣慰的是，經過研究人員長久的努力，終於成功地復育。

•「復育」由於環境的限制，多會產生近親交配的問題，易導致基因和血統的混雜或突變，令生態學者一則以喜，一則以憂。

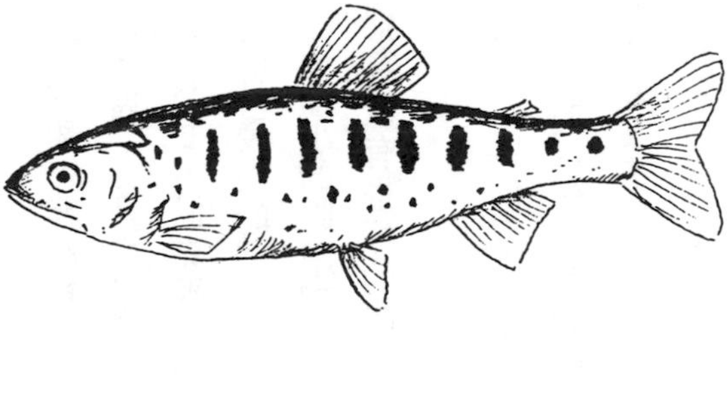

碧海嬌客——綠蠵龜

俗稱石龜，屬蠵龜科的綠蠵龜，生長在熱帶和亞熱帶海域中，由於數量稀少，政府已將澎湖縣的望安鄉列為保護區，而蘭嶼也是綠蠵龜常見的產卵地。

海風規律地拉著夜幕，浪花熱烈地拍捲沙灘，原本鬧烘烘的「舞台」，漸漸靜了下來，「安可」聲終了，生物們魚貫離席，鳥獸散。

母綠蠵龜一步一步悄悄地爬上岸，肢體觸碰著溫暖的大地，舒服地鬆了口氣。

「你回來了？」草叢裡發出一個聲音。

母綠蠵龜愣了愣，覺得這聲音滿友善，於是禮貌地回應道：「嗯，是啊！」

她向前爬了幾步，發現原來是一隻小螃蟹在說話。客氣地點了點頭以後，她慢慢爬到熟悉的草叢，開始扒沙挖洞，準備產卵。

「咱咱咱咱！」頭頂上忽然飛掠一隻蒼鷹，拍翅的響聲嚇了母綠蠵龜一跳，身子不由得伏進沙裡。

她乘機休息了一會兒，從海上游到這兒眞有點累了，可是，一定得快點產卵才行呀！

她繼續挖沙，先挖好一個可以蹲進去的沙坑，再用後肢慢慢踢出一個稍微小一點的洞穴，這時，已將近午夜了。

母綠蠵龜喘了喘氣，滿意地聞著沙中沁出的暖香，開始產卵。

晶瑩剔透，乒乓球大小的卵，一顆接一顆地滑進沙洞中，大約過了十五分鐘才停止。

「嘩，不簡單，不簡單！一百多顆蛋哪！」又是那螃蟹的聲音。

母綠蠵龜抬頭看了他一眼，然後緩緩爬出坑洞，用力把沙子撥回卵上，蓋好。

她趴在洞口歇了歇。

大地正沈睡。

•農委會於民國七十八年依野生動物保護法，將綠蠵龜、赤蠵龜、欖蠵龜、革龜、玳瑁五種海龜，列爲瀕臨絕種保育類野生動物。

•海龜大都生活在五十公尺以內的海域，除了母龜上岸產卵外，幾乎終生棲息於水中，以海藻和泥沙中的無脊鎖生物爲食。

•每年六月至十月爲綠蠵龜的產卵季。成年海龜於繁殖季節時，會洄游至出生地附近海域交配，母龜待體內的卵成熟後卽上岸產卵，而公龜多半不上岸。

浪濤拍岸的聲音彷彿也變溫柔了。

「咱咱咱！咱咱咱咱！」不遠處的沙灘上，似乎有什麼東西在跑跳，是魚兒不小心被沖到岸上的掙扎嗎？母綠蠵龜豎起了耳朵貼地傾聽。

啊！是好多小寶寶在跑跳呢！

母綠蠵龜奮力向前。朦朧中，一個一個小黑點，顚顚倒倒的腳步充滿了活潑的生命力。

「我先！我先！」一隻小綠蠵龜寶寶興奮地叫著。

「嘩——水好冷啊！」一隻小綠蠵龜寶寶被海浪撲倒，凍得搖頭晃腦。

「喂！你踩到我啦！」

「你們不要一直擠過來嘛！」

「想跟我比賽嗎?退後!退後!很煩吔!」

「人家怕嘛!等等我!」

空曠的沙灘,呢喃說著夢話。

「是你的孩子嗎?」螃蟹不知道什麼時候悄悄爬上了母綠蠵龜的背。

母綠蠵龜眼中依稀有淚。

「誰曉得,或許吧……這次應該是我最後一次上岸了……」凝視著朝氣蓬勃的孩子們,她心中湧起感動,很明顯地,這群剛出殼的小娃兒數量比前幾年少了,她知道自己已經年老。

「女娃兒長大以後,大概也懂得到這兒來產卵吧?」她想起第一次發現這塊樂土的歡欣。

雖然有些疲憊,母綠蠵龜仍打起精神,朝著海邊

•綠蠵龜屬中、大型海龜,成年母龜背甲約有一百一十公分長,因背甲和體內脂肪為綠色而得名。背甲呈心臟形;頭部有硬鱗,不能完全縮入甲內;四肢均呈鰭狀。

•母龜成年後，平均二至四年上岸產卵繁殖一次。每次約間隔二週卽產一窩，一個繁殖季最多可產九、十窩，每窩少則六十餘顆，多則一百七十餘顆。

爬去，成長的路途艱險萬分，她打算護送孩子們一程。

「那是太陽嗎？」一隻小綠蠵龜寶寶指指海上的燈塔，蹣跚地朝她爬過來。

「噢，不，孩子，那只是晚上的太陽，白天的太陽，更大、更亮！」母綠蠵龜和藹地說。

小綠蠵龜寶寶沒有再說話，氣息奄奄，一動不動。

母綠蠵龜憂心地守著他。

「那是太……太陽嗎？」過了很久，小綠蠵龜忽然又問。

「對的，孩子，你說的沒錯，那是太陽。」螃蟹搶著回答。

小綠蠵龜輕輕呼了一口氣，向著天堂的碧海游去。

母綠蠵龜毫不猶豫地轉身離開，沙灘上，嬉鬧聲一波波傳來。

「要走了啊？」螃蟹說著跳下了母綠蠵龜的背。

「朋友，今天很謝謝你，眞的很謝謝你！不過……」母綠蠵龜似乎忍無可忍，考慮了一下，終於說道：「我實在很不喜歡人家跟著我，我不懂，你爲什麼老跟著我呢？」

「噢，因爲……因爲你挖的沙坑，正好是我家嘛！你的孩子，現在住在我那裡了……，不是嗎？」螃蟹俏皮地揮舞著雙臂，目送著母綠蠵龜。

•龜卵若沒有遭受劫掠、破壞，在溫溼的沙坑中約四十五至五十五天，卽孵出體長四、五公分的小龜，平均孵化率爲百分之七十左右。小龜通常於夜晚成群出巢，利用海面上地平線的微光奔向大海。

長空舞影

——黑面琵鷺

黑面琵鷺是朱鷺科稀有大型候鳥，大部分生活在中國大陸東北、北韓一帶，每年十月陸續移至台灣、香港、日本等沼澤區過冬。據統計，全世界約有五、六百隻黑面琵鷺，超過半數選擇在台灣過冬。

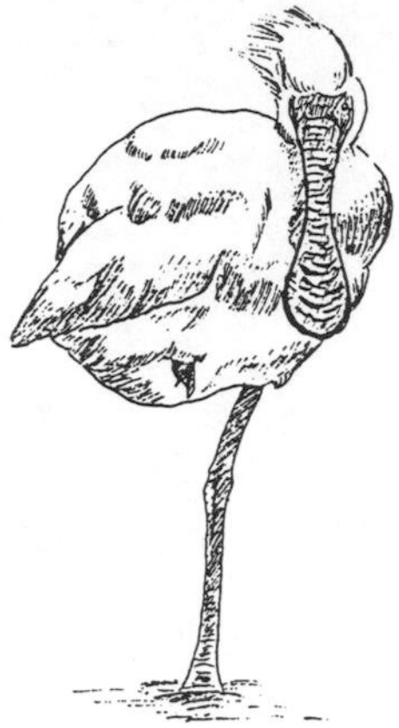

「媽，還有多遠哪？我們已經飛了好多天了，怎麼還沒有到哇？」

「快到了，就在前面了。」

「媽，我們到底要去哪裡啊？」

「就是前面這塊溼地啊！這個地方好棒，媽一定要帶你來看看！」

「眞的嗎？快到啦？……」

耳邊傳來依稀的對話，小白鷺縮了縮身子，睁開眼睛。

「啪啪！」兩個白點振翅向前，微亮的天際，悠然畫過一道柔美的弧線。

抖抖翅膀，伸伸雙腿，用長嘴梳理梳理羽尾之後，小白鷺忽然想到：「啊！是不是去年來的那些朋友？他們回來了？」

•每年十月至四月底，溫溼肥腴的潮間帶提供了候鳥極佳的休息環境。台灣最早發現黑面琵鷺的地方是台南。熱愛自然觀察的郭忠誠先生，於西元一九八四年在曾文溪口的海埔新生地發現大批候鳥棲息，其中黑面琵鷺優雅的姿影最引人注目。西元一九九八年，專家鎖定幾隻黑面琵鷺，在其身上裝置衛星追蹤器，以進一步做全面性的分析、研究。

陽光彷彿一支七彩指揮棒，將一個一個的休止符悄悄先安排好。接著，一兩聲輕鳴，揭開了舞曲的序幕，啓奏秋之樂章。

「朋友，歡迎回家！一路上辛苦啦！喲嗬！」小白鷺仰望晴空，不禁歡欣讚歎。

「先睡會兒吧！」黑面琵鷺媽媽對小黑面琵鷺說：「你長這麼大，還沒做過這麼長途的旅行呢！」

小黑面琵鷺一踏上暖融融的水澤地，立刻縮起雙腳趴了下去，安心地睡著了。

黑面琵鷺媽媽站在淺淺的水裡凝望著這塊熟悉的土地，愉快地吐了一口氣。泥軟，草芳，蟲唧唧，晚上將有豐盛的宴席，他舒服地閉上了眼睛，縮起左腳，輕巧地躍入夢鄉。

•黑面琵鷺的主要特徵是：長嘴、長頸、長腳；臉部（包括嘴喙）、腳、羽端是黑色的，羽毛是白色的。正因臉黑、嘴呈琵琶形，故有此名。

•鷺鷥喜歡跟隨黑面琵鷺，當黑面琵鷺埋頭覓食時，牠們可以幫忙守護，順便飽餐被琵鷺驚跳起來的魚、蝦。

好不容易熬到天黑了，小白鷺呆呆看著林影橙霞，耐心等著黑面琵鷺母子醒來。

「嗨，你們回來啦！」他友善地向他們拍拍翅膀，點點頭。

四周已有不少黑面琵鷺陸續抵達，開始活動，昏黃中，熙熙攘攘，鬧熱滾滾。

琵鷺媽媽推了推小琵鷺，並欠身對小白鷺溫和地打招呼道：「是啊，我們早上到的。你好！」

「餓了吧？走，我們吃飯去。」小白鷺說。

「好哇，一起走吧！謝謝！」琵鷺媽媽拍拍睡醒的小孩說。

「不，我才應該謝謝你們呢！歡迎光臨！」小白鷺俏皮地笑著說。

•黑面琵鷺覓食主要依賴觸覺而非視覺，嘴巴在水中來去穿梭，碰到會動的東西都以爲是食物，有時難免「失誤」。

他們很快融入水澤區溫馨的畫面，在暮色裡開心地聚餐。

「媽，我的腳泡在溫溫的水裡，好舒服哇……哇！媽，這條魚好甜哪！」睡了一個好覺的小黑面琵鷺，精神百倍地用長嘴在水中撈來撈去，稍一感覺碰到東西，立刻閉嘴一夾。他的媽媽愛吃蛤蜊，嘴巴像開瓶器，吃肉丟殼，大快朵頤。

而小白鷺也忙得不亦樂乎，水花驚起的小魚、小蝦，統統進了他的胃囊。

「哎呀！媽——你咬的是我的腳啦！」

「對不起，對不起！你的腳動來動去，好像一條小魚……。嘿！這次果然是媽愛吃的蛤蜊。」黑面琵鷺媽媽咂嘴笑道。

水花輕濺，水波漫湧，他們不由得與水共舞了起來。

「跟我玩好不好？」一隻年輕的黑面琵鷺忽然走過來，靦靦地說。

他們互相追逐，跑跳，嬉鬧著啄咬對方的羽毛。

「來，來搶啊！」小黑面琵鷺扯了一截蘆葦，和年輕琵鷺用長嘴拉來拉去，結果自己反而滑了一跤。

他們暫停，休息，各自整理髒亂的羽毛。寬扁的長喙清潔羽毛有點不方便。「你的頭……哈哈哈！」年輕的琵鷺看見泥巴濺了小琵鷺一臉，笑彎了腰。

「過來，媽幫你理一理。」琵鷺媽媽拍拍翅膀示意，看著孩子滑稽的樣子，他也忍不住笑了。

淺澤區的夜色安詳美麗，這些用過餐的旅客們三五成群地做各種休閒活動，一致認為這裡是最好的選擇。

•淺灘、魚塭、沼澤區提供豐足的生活所需，黑面琵鷺飽餐、睡眠後，無憂無慮，常可見其追逐嬉戲，跳躍、振翼，藉著玩耍、整羽，彼此認識、親密，維持社交關係。

．黑面琵鷺通常在夜間活動，白天則多半睡眠休息。個性沈穩，不太容易受驚嚇，但很有警覺性。最輕鬆的狀態是全身浸在水中；縮起一隻腳則表示仍保持警戒；若閉眼、雙腳站立，就是高度戒備狀態了。

．黑面琵鷺通常在曰落後才開始覓食，如果發現牠們在白天覓食或不斷地吃，很可能是即將北返的準備，不久就要回去了。

「媽，這裡實在太棒了，你是怎麼發現的？」小黑面琵鷺好奇地問。

「外公、外婆帶媽來的呀！」

「我們可以住下來嗎？」

「咦，你不想回家嗎？」

「想啊！……可是，我喜歡這裡。」

「我們明年會再來呀！」

「那可以住到什麼時候呢？」

「因爲家鄉那邊現在太冷，我們才來這兒過冬的，當然是等天氣暖和再回去嘍！」

「好吔，萬歲！」

「還有更棒的事呢！」小白鷺在一旁插嘴說：「我勸你們早點休息，明天不知道有多少鏡頭對著你們猛看、猛拍呢！你們在人類眼中簡直是明星！」

「眞的嗎？」小黑面琵鷺伸了伸翅膀，誇張地踮起腳尖輕輕打了個旋，一飛衝天。

星子燦亮如鑽，夜幕上的小白點格外耀眼。

台灣風土系列❻

動物的故事

2000年8月初版　　　　定價：新臺幣單冊180元
2004年4月初版第五刷　　　　新臺幣一套10冊1800元
有著作權・翻印必究
Printed in Taiwan.

審　　訂　施志汶
著　　者　呂明穎
發 行 人　劉國瑞

出版者　聯經出版事業股份有限公司
台北市忠孝東路四段555號
台北發行所地址:台北縣汐止市大同路一段367號
電話:(02)26418661
台北忠孝門市地址:台北市忠孝東路四段561號1-2F
電話:(02)27683708
台北新生門市地址:台北市新生南路三段94號
電話:(02)23620308
台中門市地址:台中市健行路321號
台中分公司電話:(04)22312023
高雄辦事處地址:高雄市成功一路363號B1
電話:(07)2412802
郵政劃撥帳戶第0100559-3號
郵撥電話:26418662
印刷者　世和印製企業有限公司

責任編輯　黃惠鈴
封面設計　劉茂添

行政院新聞局出版事業登記證局版臺業字第0130號

本書如有缺頁，破損，倒裝請寄回發行所更換。
聯經網址 http://www.linkingbooks.com.tw
信箱 e-mail:linking@udngroup.com

ISBN 957-08-2116-7 (單冊：平裝)
ISBN 957-08-2127-2 (一套：平裝)

國家圖書館出版品預行編目資料

動物的故事 / 呂明穎著 . --初版 .
--臺北市：聯經，2000年
192面；14.8×21公分 . -- (台灣風土系列；6)
ISBN 957-08-2116-7(單冊：平裝)
ISBN 957-08-2127-2(一套：平裝)
〔2004年4月初版第五刷〕

I . 動物-台灣-青少年文學
II . 台灣-青少年文學

673.2 89010215